火災安全上の区画の設計・施工の考え方

Concept on Design and Construction of Compartment for Fire Safety

日本建築学会

本書のご利用にあたって

本書は，作成時点での最新の学術的知見をもとに，技術者の判断に資する技術の考え方や可能性を示したものであり，法令等の補完や根拠を示すものではありません．また，本書の数値は推奨値であり，それを満足しないことが直ちに建築物の安全性を脅かすものでもありません．ご利用に際しては，本書が最新版であることをご確認ください．本会は，本書に起因する損害に対しては一切の責任を有しません．

ご案内

本書の著作権・出版権は（一社）日本建築学会にあります．本書より著書・論文等への引用・転載にあたっては必ず本会の許諾を得てください．

Ⓡ〈学術著作権協会委託出版物〉

本書の無断複写は，著作権法上での例外を除き禁じられています．本書を複写される場合は，（一社）学術著作権協会（03-3475-5618）の許諾を受けてください．

一般社団法人　日本建築学会

序

　本書は，1990年に本会防火委員会耐火構造小委員会が刊行した「防火区画の設計・施工パンフレット」（以下パンフレット）を基に，その内容を大幅に見直し，新たに出版するものである．

　2000年の建築基準法の改正において，防火基準に性能規定とその検証法が導入された．これは，パンフレットの刊行趣旨である「建築物内の個々の空間の利用目的と火災安全上の目標を明確にし，その目標を達成するように区画（開口部や貫通部を含む）を的確に設計し，設計意図を実現すべく確実に施工すること，ならびにその結果として形成された個々の区画の建築物運用段階での性能保持のための管理の徹底を図ること」を，明示的に示したものと位置づけることができる．本書は，この点に関してパンフレットを継承し，内容を充実させたものである．

　本書は火災安全上の区画の設計・施工の考え方を整理し，6つの章と付録から構成されている．
① パンフレットでは，区画化の目的を出火区画から他の区画に火災拡大することを防止することに限定していたが，本書では防火区画だけではなく，防煙区画を加えて新たに「火災安全上の区画化」として捉えた．すなわち，一定の材料・構造で間仕切られた区画は，あるレベルの煙や火炎の拡大を防止する性能を備えた「火災安全上の区画」であり，特に避難安全に大きな役割を果たすものとして捉えている．
② 「火災安全上の区画」が効果的に機能するために，区画の計画（2章），区画部材の設計（3章），区画部材の施工（4章），維持管理（5章）のそれぞれの観点から内容を整理した．
③ 6章では，区画を構成する部材や開口部に設置される防火設備，区画貫通部，さらに部材の取合い部に必要な性能を確認するための試験方法を整理した．
④ 付録には，性能設計を適用した建築物の「火災安全上の区画」の維持管理に関する考え方，性能的な検証方法を用いて既存の建築物や歴史的な建築物の防火改修事例などを紹介した．

　建築物に必要とされる火災安全を確保するために，本書が活用されることを強く希望するものである．

2017年2月

日本建築学会

本書作成関係委員 (2017年3月)

(五十音順・敬称略)

防火委員会
  委員長　萩　原　一　郎
  幹　事　森　田　　武　　山　田　　茂
  委　員　（略）

区画の設計・施工指針検討小委員会 (2010年4月～2016年3月)
  主　査　佐　藤　博　臣
  幹　事　池　田　憲　一
  委　員　伊勢村　修　隆*　　伊　藤　貴　弘　　大　竹　晃　行*　　大　宮　喜　文
  　　　　大　和　征　良　　古　平　章　夫*　　斉　藤　　　満*　　相　模　裕　輝
  　　　　白　岩　昌　幸　　鈴　木　淳　一　　高　井　賢　治　　田　坂　茂　樹
  　　　　棚　池　　　裕　　萩　原　一　郎　　森　山　修　治

　　　　　　　　　　　　　　　　　　　　　　　　　　　　　　　（＊：途中退任）

執筆委員
  　　　　池　田　憲　一　　伊勢村　修　隆　　伊　藤　貴　弘　　大　宮　喜　文
  　　　　大　和　征　良　　佐　藤　博　臣　　斉　藤　　　満　　相　模　裕　輝
  　　　　白　岩　昌　幸　　鈴　木　淳　一　　田　坂　茂　樹　　棚　池　　　裕
  　　　　萩　原　一　郎　　森　山　修　治　　八　木　真　爾

火災安全上の区画の設計・施工の考え方

目　　次

1章　総　　則
1.1　はじめに ·· 1
1.2　建築物に対する要求性能 ·· 1
1.3　適用範囲 ·· 3
1.4　用語の定義 ·· 4
1.5　火災安全上の区画とは ·· 5
1.6　区画の設計・施工の目標 ·· 7
1.7　本書の構成および区画計画書の必要性 ·································· 11
　　コラム　避難安全性と区画 ·· 12

2章　区画の計画
2.1　火災安全上の区画化 ·· 13
2.2　火災安全上の区画化にあたって配慮すべきこと ······················· 16
2.3　区画部材・工法に関する火災安全上の弱点と課題 ···················· 18
2.4　「火災安全上の区画化」計画書作成の意義 ···························· 20
　　コラム　防火技術者の設計初期からの関与の必要性 ···················· 21

3章　区画部材の設計
3.1　区画部材の設計 ·· 22
3.2　区画部材等の設計手順 ·· 22
3.3　設計用火源，火災外力 ·· 24
3.4　部材等に要求される性能 ·· 29
3.5　区画部材等の耐火性能の評価方法 ······································ 40
　　コラム　耐火性能と区画 ·· 42

4章　区画部材の施工
4.1　区画部材の施工監理の方針 ··· 43
4.2　間仕切壁(内壁) ·· 44
4.3　外　　壁 ·· 46
4.4　床 ··· 47
4.5　屋　　根 ·· 50
4.6　区画開口部(防火設備) ·· 51
4.7　区画貫通部 ·· 55
4.8　その他の留意事項 ·· 58

5章　維持管理
5.1　常時適法な状態に維持する ··· 59
5.2　仕様書設計の建築物と性能設計した建築物 ···························· 59
5.3　性能設計した建築物の区画変更などへの対応 ························· 60
　　コラム　消防活動拠点としての区画 ···································· 61

6章　区画に関連した試験・評価
6.1　区画と性能試験方法 ·· 62
6.2　今後の層間ふさぎの方向性 ··· 67

コラム　大規模ファサード試験方法 …………………………………………… 73

付　録
1) 設計・施工に必要な防火区画の用語集 ………………………………………… 75
2) 建築基準法と防火区画 …………………………………………………………… 80
3) 戦後の国内災害・防火安全略年表 ……………………………………………… 84
4) 区画の不備による延焼火災事例 ………………………………………………… 85
5) 火災安全性能の維持管理における課題 ………………………………………… 87
6) 乾式工法の隙間からの煙漏洩 …………………………………………………… 93
7) 鉄筋コンクリート造歴史的建築物の保存活用における防火区画 …………… 99
8) 区画に係る消防機関の主な指導事項 …………………………………………… 107
9) 柱・梁の接合部等の取扱いについて …………………………………………… 120

火災安全上の区画の設計・施工の考え方

1章　総　　則

1.1　はじめに

　建築物の過去の火災で，大惨事の引き金となった大きな原因の一つに，防火区画の計画・設計・施工・維持管理における不備があげられる．区画は，建築物内で火災が発生した際に火災拡大や火災時に発生する煙の動きを制限するために設けられる．区画の主な目的は，火災拡大や煙の拡散を制限することにより避難経路の確保を行い，人命を保護すること，消防活動拠点を守り消火活動の安全性を確保すること，さらに区画部材の非損傷性によって建物全体の崩壊を防ぐことにある．

　しかし，本来区画すべき位置または部位に所要の性能を有する壁，床，防火設備が計画・設計され，確実な施工に加えて適切な維持管理がなされていれば，このような大惨事にはならなかったと思われる例がある．最近では火災により大規模な崩壊が発生したウィンザービル火災(2005年，スペイン)が例としてあげられるであろう．この建物火災は，建設当初からスプリンクラー設備や防火区画が一部欠落しており，その改修工事を行っている最中に火災が発生し，全館火災となった．

　今日，耐火建築物の大型化，高層化，用途の複合化の傾向が進み，火災の拡大を抑止するだけではなく，煙や有害ガスの拡散をも防ぐ目的の火災安全対策を区画に施すことが重要である．

　日本においては，工場や倉庫の火災を除いて，最近は上記のような建物崩壊に至る大規模火災になった事例はないが，これは区画の重要性を十分に考えた上で，防火区画の計画・設計・施工・維持管理を行ってきたことがその要因の一つである．しかし，区画が不完全であったり，区画の維持管理が不完全であるため，人命を奪ってしまった事例は少なからずある．

　したがって，本書において取り上げている火災安全上の区画への認識は高まっている．また，時代の流れや小規模建築の問題も出てきているため，この火災安全上の区画の考え方をさらに整理していくことは重要であると考え，ここにあらためてまとめ直した．

1.2　建築物に対する要求性能

　建築物に要求される性能の変化に対応するように，研究開発・技術革新などによって多種多様な建築材料・部材が創出され，建築物の性能向上に寄与した．建築物に対する要求性能は，安全性，衛生，快適性，環境保全性など，多面的であるが，それらの全ての性能を向上させる新たな建築材料・部材を開発することが本来望まれる．しかし，実際，それら性能を全て満足させるためには多くの課題を解決することが必要な場合が多く，容易ではない．窓開口部に使用されるサッシには，防露性能，遮熱・断熱性能などを向上させるため，樹脂系の材料を用いたサッシが開発されたが，防火性能の観点から，それが従来の金属製の製品を上回る性能レベルまで経済性を踏まえながら向上させることは容易ではない．また，近年，省エネルギーなどの観点からサンドイッチパネルに代表される断熱材を建築物の外装材として使用する例が見られる．そのような建築物で火災が発生した場合，外装材が延焼媒体となり，建築物の延焼拡大を促進させた火災事例などが海外で発生している(写真1.1)．火災安全性能を優先させた結果，その他の性能が十分に確保できない場合もある．

　建築材料・部材の変化により，建築物の火災性状も変化し，思わぬ火災被害を生じる可能性があり，個々の建築物に求められるさまざまな性能に対し，建築物個々にそれら性能のバランスを考え，合理的な対策を検討しなければならない．建築物に要求される性能を具現化する役割を担う設計者や建物管理者等は，火災安全に対する対策を的確に着想できる能力が不可欠であり，そのためには，建築物で起こりうる火災性状を理解しておくことが肝要である．

(a) 中国国営中央テレビ（CCTV）火災[1]　　　(b) 韓国釜山アパート（ウシンゴールデンスイートアパート）火災[2]

写真 1.1 外装材が原因で延焼した火災事例

　火災安全設計では，建築物に要求される火災安全性の基本要件(出火拡大防止性能，避難安全性能，構造安定性能，消防活動支援性能，延焼拡大防止性能)に対して目標水準を設定し，評価を行う．その一連の手順の中で，出火した室内で進展する火災性状をフェーズに応じて設定する必要がある．この火災性状は，一般に火災が発生した空間で，火災が継続している間，崩壊することなく維持される壁，床で囲われた空間内において，出火から鎮火に至るまでの過程を表す．また，その過程で生じる熱，火炎，煙，ガス等の温度や量などで整理され，そのような火災が進展する空間は火災区画と呼ばれる．なお，ここで火災区画とは，法規上の防火区画を限定するものではない．このような設定・算定される火災性状が，建築物の火災安全設計の一連の流れの中で，設計火災性状として位置づけられる．

　設計火災性状に関わる研究は，半世紀以上前に始まり，先達者らの研究によりその性状について，火災区画条件，開口条件，可燃物条件を主なパラメータとし種々の予測手法が検討され，建築物内の火災性状はある程度のレベルまで予測が可能になっている．わが国においても，2000年に建築基準法の防火関係規定が性能規定化された際，それらの既往の研究成果に基づき，火災区画条件は変化しないことを前提とし，火災区画内温度の算定方法が明示された．一方で，近年，マクロ的に捉えられる傾向にあった火災性状も，シミュレーション技術の発達により，建物空間を詳細にメッシュ分割し，そのメッシュごとに温度や種々の化学種濃度を予測する手法が確立されつつある．予測精度をさらに向上させる課題があるものの，経時的な火災区画条件の変化などへの対応も可能であり，今後の展開が大きく期待される．なお，実際に計画される建築物の空間は多様であり，その複雑性からいまだ模型などを使用し，火災性状を検討するために，火災実験が実施されることもある．

　火災区画内の可燃物の着火から鎮火までの一連の火災フェーズの中で，火災性状の様態が変化するため，可燃物の燃焼に着目し，火災区画内の火災フェーズを整理し，設計火災性状は，可燃物の局所的燃焼(フェーズ1)，火災区画内の可燃物間の延焼(フェーズ2)，火災区画内全体の可燃物の燃焼(フェーズ3)に分けて検討される（図1.1，1.2）．このように火災フェーズごとに設計火災性状を整理することで，出火防止性能，避難安全性能，構造安定性能などについて合理的，効果的な火災安全設計が可能となる．

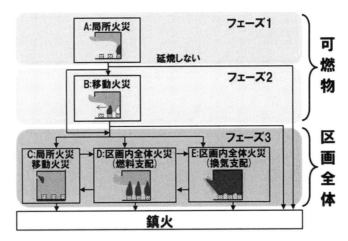

図1.1 火災フェーズの分類[3]

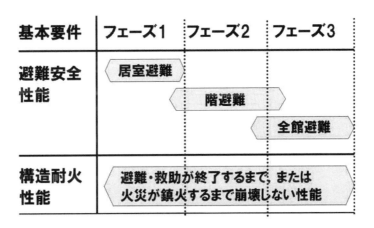

図.1.2 火災フェーズごとの建築物の火災安全設計上の留意事項[4]

1.3 適用範囲

　本書は，火災安全上もっとも重要である防火区画の計画の基本的な考え方，設計と施工の具体的な方法および維持管理の要点について，現在推奨できると考えられる範囲で現行の法律をふまえつつ，防火区画以外にも煙や火炎の拡大防止性能・避難安全性能を有する区画を『火災安全上の区画』として述べたものである．なお，本書の対象は，主に耐火構造の鉄骨造(S造)・鉄筋コンクリート造(RC造)について述べるものとする．

　延焼拡大の抑制と避難を安全に行う手段の一つとして，区画を形成することは重要である．また，消防活動拠点を守り，消火作業や救出作業を安全に行う手段としても重要である．これらを達成するためには，どのような考えをもって計画，施工，維持管理を行えばよいのかについて，以下の章で述べていく．

　本書の内容には，現行の建築基準法や消防法が要求する水準以上の内容を記載する部分もあるが，本会として，本書が現段階の知識で建築物の火災安全性を高めるためのより良い方法を提案するものであり，本書の意図するところを理解していただきたい．

　近年の建築物においては，大きな空間が必要となる事例が多く見られるが，火災安全性が十分に確保されていない場合がある．工場や倉庫のような大空間が必要な建築物についても本書の考え方を適用していただき，防火区画の重要性を再認識し火災安全性を検討する必要がある．

　なお，特別の調査・研究等に基づいて計画・設計・施工・維持管理する場合においても，本書の考え方をふまえて検討していただきたい．

1.4 用語の定義

本書で用いる用語を，次のように定義する．

- 区画　compartment

    何らかの材料・構造で間仕切られた空間をいう．本書では，特記のない限り，「火災安全上の区画」と同義として用いる．

- 防火区画　fire preventive compartment

    建築基準法施行令第 112 条に規定されている区画をいう．

- 火災安全上の区画　compartment for fire safety

    何らかの材料・構造で間仕切ることにより，わずかでも煙や火炎の拡大防止性能・避難安全性能等を有する空間をいう．これを「火災安全上の区画」として定義した．当然，従来の耐火設計で外力の設定に際して考える「防火区画」と一致する場合もある．

- 火災区画(出火室，火災室)　fire compartment, fire room

    火災の発生が想定される室．
    建築基準法では，すべての部屋で火災が発生することを想定して設計を行うことを要求している(図 1.3 参照)．

- 火災荷重　fire load

    火災区画内の可燃物量と同等の発熱量に相当する木材質量を等価可燃物とし，これを火災区画の床面積で除した値．
    [kg/m^2]

- 避難区画　compartment for evacuation

    廊下(避難通路)を保護する火災安全上の区画

- 避難通路(避難経路)　evacuation route

    建物内のあらゆるところから煙や熱などの支障がなく地上または避難階等に退去できる連続した廊下・階段および附室・非常用エレベーター・乗降ロビー等をいう．

- 区画部材　separation element

    火災の拡大と煙の拡散を制限する性能を持つ壁や床等をいう．

- 区画開口部　opening in a separation element

    区画部材に設けられる開口部をいう．
    建築基準法上は，区画開口部には防火設備・特定防火設備を設置する．

- 区画貫通部　penetration through a separation element

    区画部材を空調ダクト・給排水管・ケーブル等が貫通する部分をいう．

- 耐火性　fire resistance

    耐火性能　fire resistive performance
    区画の耐火性を有するとは，火災安全上の区画を保持し，設計目標を達成できる状態をいう．その時代で耐火性を定量化したものが耐火性能である．本書では，「……性」と「……性能」は前述の考えに基づき記載している．現在，耐火性能としては遮熱性能，遮炎性能，非損傷性能(構造安定性能)が要求されている．

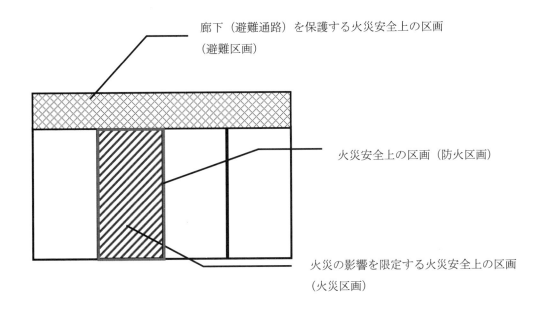

図 1.3　火災の影響を限定する火災安全上の区画（平面図）

1.5　火災安全上の区画とは

1.5.1　火災安全上の区画と区画化

　本書では，建築物の中に設ける火災安全上の目的に対応して，接続空間を平面的，断面的に区切り，目的に応じた煙や火炎の拡大防止性能，避難安全性能および構造安定性を有する区画について記載している．これを「火災安全上の区画」として新たに定義した（本書では建築基準法施行令第112条に規定の「防火区画」より広義に用いている）．

　「火災安全上の区画化」とは，建築計画・設計によるゾーニング・ブロック化によって，必要なまたは最適な空間配置が決定したとするとき，それぞれの空間の利用目的や利用者の特性を考慮して，「火災安全上の区画」の大きさ・目的・機能を設定し，その「火災安全上の区画」に応じて区画部材を選択・設計することである．

　このとき，個々の空間をどのような区画部材で区画するかという技術に比べて，空間や通路などの配置を工夫して火災安全上に合理的な区画計画する技術に関しては，現時点では必ずしも完成しているとは言いがたい．

　そこで，本書では，「火災安全上の区画化」のうち，火災安全目的に応じて周壁部材をどのように設計・選択・構成するのがよいかについて提案する．

　建築物の計画段階から，それぞれの空間に要求されるさまざまな性能とバランスのよい火災安全目標を設定しつつ，「火災安全上の区画」を早い段階で検討開始することが，次工程の設計段階や施工段階で後戻りさせないためにも重要である．

1.5.2　火災安全上の区画に求められる目的・機能および区画部材の性能

　火災安全上の区画に求められる機能としては，建築物に要求される火災安全性の基本要件のうち，主に以下の3点が挙げられる．

- 避難安全の確保（避難安全性能）
- 消防活動支援（消防活動支援性能）
- 延焼拡大の防止（延焼拡大防止性能）

　上記の各機能と区画との関係については2章で記すが，いずれも火災安全上重要な機能である．各区画の目的・機能を達成するためには，その区画を構成する区画部材の選択・設計が重要である．区画部材に求められる性能の例を図1.4に示す．

空間の利用目的に応じて，火災安全上の区画に設定すべき目的・機能の達成目標レベルや実現方法を設定することが重要である．区画部材に求められる性能や性能レベルもまた，目的・機能の達成レベルに合わせて適切に選択する必要がある．

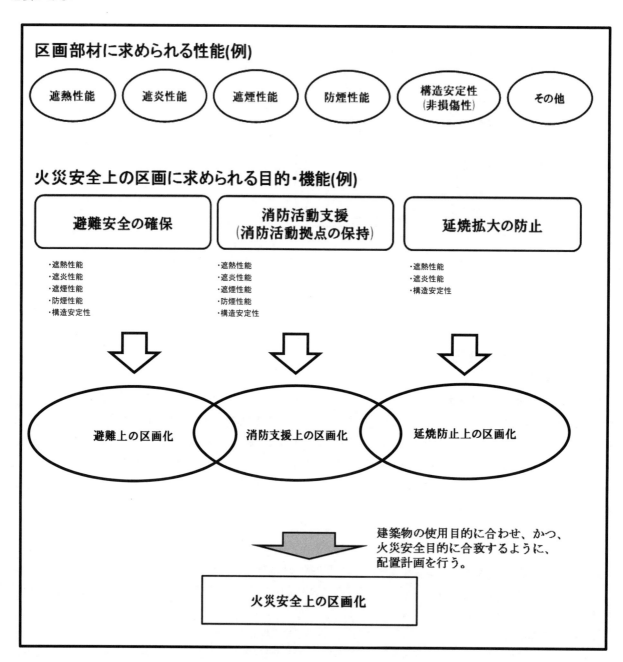

図1.4　火災安全上の区画化

1.6 区画の設計・施工の目標

1.6.1 火災の進展段階に対する区画性能

区画に期待する性能は，火災の進展段階（火災フェーズ）によって異なる．ここで，火災の進展段階をくん焼期・初期火災期・フラッシュオーバー・盛期火災期・減衰期の5つの段階に分け，整理をしてみる．一つの室における火災フェーズを考えると，表1.1のように分けられる．それぞれの進展段階における火災状況の懸念事項・火災に伴う設備の作動・在館者の行動・消防活動および火災を抑制するための区画の目的について記述する．

ここでは，特に区画の効果が大きいと考えられる耐火建築物や準耐火建築物を想定して，表1.1の火災フェーズにおいて，初期火災期，盛期火災期(フラッシュオーバー含む)および減衰期内での区画の役割について整理を行うこととする．基準階平面のモデルを図1.5に示し，そのモデルで火災が起こった際のフェーズごとの状況と要求性能を説明する．

1) くん焼期

   くん焼期には，有炎燃焼への移行および着火物の燃焼拡大を抑制し，発見者または自衛消防組織が消火活動をする．

2) 初期火災期

   初期火災期には，燃え広がることを抑制し，消防隊（自衛消防組織および公的消防組織）が，安全に避難誘導および避難を行えるように，附室や避難経路に煙や熱が侵入しないようにする必要がある．

3) フラッシュオーバー

   フラッシュオーバーは，初期火災期から盛期火災期への移行時に爆発的に火災規模の拡大を起こす．これにより，区画形成部材が保持できなくなることを避ける必要がある．

4) 盛期火災期

   盛期火災期には，火災を竪穴部分や隣接空間へ拡大させないことが求められる．そのためには，区画を形成している区画部材が崩壊し，区画が保持できなくなることを避けなければならない．また，消防隊が消火活動を安全に行うため，消防活動拠点にも熱や煙が侵入しないようにする必要がある．

5) 減衰期

   減衰期には，消防隊（主に公的消防組織）が再進入し火勢鎮圧を行うため，区画部材が崩壊して建物全体が崩壊することを避ける必要がある．

上記は建築物に適用されるべき基本的な事項であるが，区画の用途によっては，他の性能が求められる場合もある．例えば，病院や老人ホームのように自力で避難が困難である人が利用する施設の場合には，一時的に避難するような区画を設置する必要がある．そのような区画を形成する部材(壁,床)には，より厳しい耐火性能を求める必要がある．

火災の延焼を最小限にとどめるためには，出火室を区画し，火災を閉じ込めておくことが理想的である．しかし，火災を出火室で区画ができず，延焼してしまった場合には，徐々に隣室に延焼し，建物全体に延焼，さらには建物が崩壊してしまうことが考えられる．

現実問題として建物には開口部を設ける必要があり，用途によっては火災を閉じ込めるような区画を形成することが困難である場合もある．区画計画・設計を行うにあたっては，このような面を考慮し，効果的に区画を配置する必要があると考えられる．

図1.5のような基準階平面を持つような事務所ビルで，室Aで火災が発生したことを想定し，検討してみる．室Aにおいて火災が発生した場合，室Aと室C間の廊下は避難経路および消防活動に使用されることから煙や炎が及んではならないため，室Aと廊下間の壁および扉については，防火区画を形成しなければならない．さらに，室Bおよび室Cについても同様なことが言える．また，廊下と階段室間の壁および扉についても，上階延焼を防ぐために竪穴区

画を守ることが必要となることにより，防火区画を形成する必要がある．その一方で，室Aと室B間の壁においては，両室とも廊下に避難することになるので，相互の室を区切っている間仕切壁は，火災の延焼を遅らせる程度の性能があればよいと考えられる．

表 1.1 火災フェーズと区画の要求性能

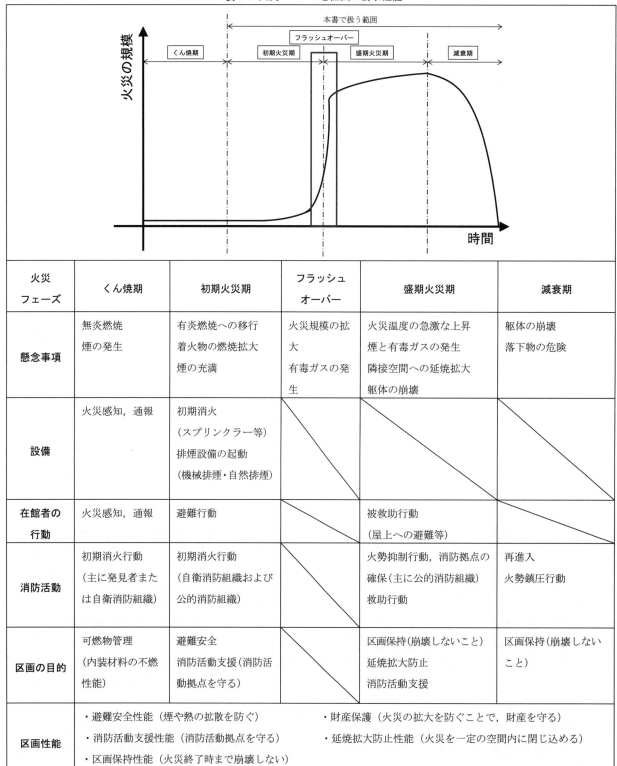

火災フェーズ	くん焼期	初期火災期	フラッシュオーバー	盛期火災期	減衰期
懸念事項	無炎燃焼 煙の発生	有炎燃焼への移行 着火物の燃焼拡大 煙の充満	火災規模の拡大 有毒ガスの発生	火災温度の急激な上昇 煙と有毒ガスの発生 隣接空間への延焼拡大 躯体の崩壊	躯体の崩壊 落下物の危険
設備	火災感知，通報	初期消火 （スプリンクラー等） 排煙設備の起動 （機械排煙・自然排煙）			
在館者の行動	火災感知，通報	避難行動		被救助行動 （屋上への避難等）	
消防活動	初期消火行動 （主に発見者または自衛消防組織）	初期消火行動 （自衛消防組織および公的消防組織）		火勢抑制行動，消防拠点の確保（主に公的消防組織） 救助行動	再進入 火勢鎮圧行動
区画の目的	可燃物管理 （内装材料の不燃性能）	避難安全 消防活動支援（消防活動拠点を守る）		区画保持（崩壊しないこと） 延焼拡大防止 消防活動支援	区画保持（崩壊しないこと）
区画性能	・避難安全性能（煙や熱の拡散を防ぐ） ・消防活動支援性能（消防活動拠点を守る） ・区画保持性能（火災終了時まで崩壊しない）			・財産保護（火災の拡大を防ぐことで，財産を守る） ・延焼拡大防止性能（火災を一定の空間内に閉じ込める）	

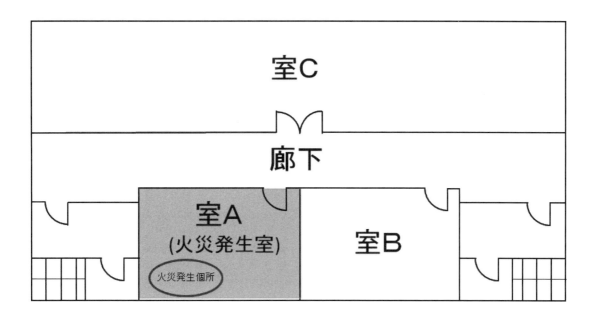

図 1.5　基準階平面のモデル

［くん焼期］
　室 A にて火災が発生．
　煙感知器が働き，警報が鳴る．
　室 A においては，避難行動が始まる．
　発見者または自衛消防組織による消火．

［初期火災期］
　室 B，室 C についても避難が開始され，廊下では避難誘導が行われる．
　フラッシュオーバー前には避難は終了する．
　上下階においては，時間遅れで避難が開始される．
　自衛消防組織による初期消火または公的消防組織による消防活動が開始される．

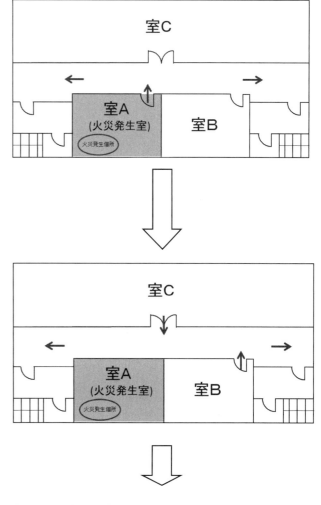

図 1.6　基準階平面における火災フェーズごとの変遷

［盛期火災期］

　火災はA室からB室へ延焼するも，廊下への延焼は阻止．
　公的消防組織により階段付室を拠点とし，消火活動が行われる．

［減衰期］

　火災が減衰し，再進入が可能になる．公的消防組織が鎮圧活動を行う．

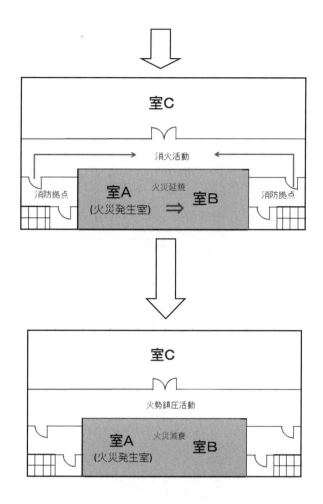

図 1.6 基準階平面における火災フェーズごとの変遷（つづき）

1.7 本書の構成および区画計画書の必要性

1.7.1 本書の構成
本書では，建築物の火災安全性を確保するために検討する内容を各章に分けて記載する．

区画の計画(2章)
　　　建築物の基本計画時点で，当該建物の特性(規模・用途・構造等)と火災特性(可燃物の種類・量等)を抽出し，必要な区画を設定し，基本計画図に配置(明示)する．具体的には，避難経路(廊下・階段)と消防隊の侵入経路を守るように配置することが望ましい．
　　　また，建物内の室に特別な用途がある場合には，その用途を勘案し，特別に区画を設計する必要がある．

区画部材の設計(3章)
　　　想定される火災に対して，所要の耐火性能を有する区画部材を選定する．
　　　当該区画や隣接区画に火災が発生した場合の火災性状を予測する．この火災の加熱を受けた際に，当該区画が要求される性能(1.5節参照)を発揮できるような耐火性能を有した区画部材を選定する必要がある．

区画部材の施工(4章)
　　　選定した区画部材が，火災時に所定の耐火性能を発揮できるように施工上の留意点を明示し，適切に施工する必要がある．

維持管理(5章)
　　　施工後の区画部材は，火災が発生した際にその機能が十分に果たせるように，常に適正な維持管理を実施する必要がある．

区画に関連した試験と評価(6章)
　　　区画部材に関する国内の試験内容と要求事項を示すとともに，建物の要求性能に対する海外試験方法を紹介する．

1.7.2 区画計画書の必要性
建築物の計画意図を設計・施工・維持管理の各段階に的確に伝えるためには，区画計画書が重要である．区画計画書の必要内容・作成については，「2章 区画の計画」で記述する．

参 考 文 献

1) http://news.searchina.ne.jp/disp.cgi?y=2009&d=0210&f=national_0210_001.shtml
2) 金榮善，水野雅之，大宮喜文：韓国・釜山ウシンゴールデンスイート超高層集合住宅の火災調査火災，日本火災学会誌，61巻,2号, pp.26-30, 2011.4
3) 日本建築学会：建築物の火災荷重および設計火災性状指針(案), p.24, 2013
4) 日本建築学会：建築物の火災荷重および設計火災性状指針(案), p.26, 2013

コラム　避難安全性と区画

　防火区画は建築物を分割し，火災の影響を限定するだけでなく，避難経路を火災の影響から保護することにより，避難安全に大きな役割を果たす．避難安全の観点からは，防火区画は以下のように整理することができる．これらの特徴を理解して，避難計画に対応した防火区画を行うことが重要である．

①火災の影響を限定する

　面積区画は，建物を平面的に分割し，火災が発生した防火区画に，火災による熱や煙の影響を制限する．これにより火災の影響が及ばない部分を設けることができ，避難経路や一時的な避難場所として利用することを可能とする．

　また，火災が容易に上階延焼してしまうと，上階の避難が困難になるため，火災を発生した階に制限するのが層間区画である．

　特に，階段室やエレベーターシャフト，アトリウムなどの竪穴空間に，火災の煙が侵入すると，上階へ急速に伝播してしまうため，建物全体に火災の影響が広がることを防止するために，竪穴区画を設ける必要がある．

②避難経路を火災の影響から保護する

　竪穴空間である階段は，煙に汚染されると避難経路として利用することが困難となる．避難経路を長い時間保護するためにも，竪穴を防火区画し，煙や熱などの侵入を防ぐことが避難安全には重要である．

　避難経路となる廊下を防火区画することも，同様に避難安全性を高める．しかし，居室と廊下の間を防火戸とすると，日常的な使い勝手に不便を生じ，開放されたままとなるおそれもあるので，実際には不燃間仕切り壁などによる安全区画とし，火災初期の煙の侵入を防ぐことに重点が置かれる．

　商業施設などのように，同じ階に大勢の在館者がいるために階段への避難に時間がかかる場合や，病院などのように階段を自力で降りることが困難な人がいる場合には，建物を平面的に区切ることで一時避難場所を確保する水平区画を設けることが有効である．

　また，病院の手術室や集中治療室など，周囲で火災が発生した場合に在室者をすぐには避難させることができない空間では，その空間内で待機しても安全を確保できるように，火災の影響から防護された区画，籠城区画とすることが必要である．

③避難計画を明快にする

　ホテルの客室部分と宴会場など，同じ建物の中に用途が異なる空間が混在する場合には，異なる用途間を防火区画し，火災の影響を限定すると同時に，それぞれの区画ごとに避難計画を完結させることが重要である．防火区画することにより，避難経路が明快となり，避難時に混乱が生じにくくなるほか，管理区分が明確となることが期待される．

2章　区画の計画

2.1　火災安全上の区画化

　設計者は，建築計画の初期段階から建築主と協議しつつ，さまざまな意思決定を行う．このとき，最も重要な意思決定は，どのような使用目的の空間をどのような単位・形状でどのように平面的に並べ，または立体的に積み重ねていくことが建築主の当該建築物の建築目的に合致するかを定めることである．わが国の法令では，火災安全に関する法規制が多数の項目で規定されているので，設計の初期から防火技術者が関与することは，防火安全の向上に加えて，経済的な合理性の向上にとっても重要・不可欠である．

　一般に日常的な要求を優先し，その敷地に建築可能なボリュームの大きさを勘案しながら事業目的を達成するために必要とする単位の用途空間をゾーニング・ブロック化し，動線上に配置することから設計行為を始める．いわゆるエスキス（素描）の段階を最初とする．本書では，この「ゾーニングやブロック化」などエスキスによる検討行為は，火災安全性の確保のための「火災安全上の区画化」の第一歩目の作業と認識している．

　どのような用途の建築物であれ，一般に複数の単位の用途空間で構成される．単位の用途空間は火災発生の危険性の視点で分類すると，一般の居室などのように「火災発生のおそれのある空間（出火室または火災区画とも呼ばれる）」と廊下・階段などのように「出火危険の小さい空間」（避難経路または避難区画，安全区画などとも呼ばれる）に大別できる．

　「火災安全上の区画化」の目的は，「火災発生のおそれのある」単位の用途空間に通常に想定される規模の火災の影響を，「避難経路」や「隣接する他の用途空間」に目標とする時間の範囲で極力及ぼさないようにすることであると要約できる．

　「火災安全上の区画」と言ったとき，建築基準法施行令第112条で規定している「防火区画」（①層間区画，②竪穴区画，③面積区画，④高層区画，⑤異種用途区画）を想定する場合が多いが，本書では，上記の法令に規定されている「防火区画」に加えて，各単位の用途空間を構成する壁・開口部や床が，わずかな時間でも煙や火炎・熱の拡大を防止して避難時間を延長させ，また建物の崩壊を遅らせ，さらには消防活動への支障を低減するなどの役割を果たすことを期待して，それぞれの部材や工法を計画・設計・施工することを「火災安全上の区画化」と位置づけている．したがって，一般に防火区画内に設けられる防煙区画や空間を火災安全の目的で簡易な間仕切りなどで細分化した場合についても，「火災安全上の区画」として捉える．

　単位の用途空間を単純化して考えると，直方体と見なせる．その天地2面は床・天井であり，他の4面は壁・開口部で構成される．天地2面については，選択できる材料・構造の種類は，建築物が高層化・大規模化するほどそれほど多くないことから，それぞれが面する単位用途空間の出火危険の大小でそれぞれの仕様に変化を付けることはあまり意味がない．

　しかし，他の4面の壁・開口部は，壁体だけで開口部のないものから，通常は開放されていて必要に応じて閉鎖してその役割を果たすものまで，さまざまな材料や構造・工法をとりうること，また，それらがさまざまな出火危険の異なる単位空間と隣接して配置されることになるので，どちらの空間用途の火災危険が大きいかなど比較検討して材料，構造・工法を選択することには安全性の向上という目的だけではなく，コスト面での合理性も高い．

　また，一般的には，そのうち少なくとも1面は外壁として外気に面して窓を有し，他の1面も室内側の廊下との間には扉やシャッターなど開口部・貫通部が存在することから，日常の利便性や快適性の点を無視して火災安全性能だけを判断尺度として材料や構造・工法などを選択するべきではない．

　建築物の利用・事業目的によって対象とする建築物内の各室空間は，規模・形状，区画の構造や内装などは建築物ごとにそれぞれ異なるとともに，利用者の人数・避難行動能力やそこに持ち込まれる可燃物種類・量・配置および火気・出火源なども異なる．

　単位空間内の火災性状は，区画の規模や区画部材の防・耐火性能等の建築的な要因，空間の利用状況に依存する可燃物の種類や量・配置，火災の拡大を抑止する消防設備などに左右される．計画・設計した区画部材の防・耐火性能が，対象とする空間に想定される火災の継続時間や温度上昇に比べて低い場合には，その区画から火炎や煙は他の空

間へと突破されることとなる．一方空間の避難安全性は，空間内の利用者の人数や避難行動能力と煙の発生量，拡散速度などに依存する．利用者が空間内に多数存在し，その避難自立性が低ければ，逃げ遅れなどの状況を呈する．

現在の火災科学の知見は，それらの要因の組合せ条件と火災のシナリオが明確になれば，火災性状や煙の拡散性状，避難性状などをある程度までは予測できる状況になっている．ちなみに，2000年の建築基準法防火基準への性能規定導入やその後の消防法への性能規制導入は，それらの技術的な蓄積により可能となった結果である．

a. 水平や垂直方向への火災の拡大を防止するためや火災の被害を一定の範囲に局限化するための区画：火災区画，避難区画，竪穴区画，面積区画，高層区画

以上に述べた何らかの検討プロセスを経たものの例として，図2.1に事務所ビルを例にとって，その平面図上に火災区画，避難区画，竪穴区画を示した．

中廊下を挟んで2つの事務室空間が配置されている．この事務室空間は出火のおそれがあるので，火災区画として避難経路となる廊下とは何らかの防・耐火性能を有する区画部材で仕切ることが必要である．またこの区画から廊下に出るために，最低限避難上で必要な寸法幅の扉が設置される．事務室内で執務する人々の人数によっては，これらの壁や扉には廊下を避難経路として一定時間維持するために，遮煙性能や遮熱性能を有する防火設備などであることなどが望まれる．

また，中廊下のほぼ中央にエレベーターシャフトや配管・配線のシャフトなどの竪穴が，また廊下の両端には階段室が竪穴として配置されている．

高層ビルの場合，これらの竪穴の防・耐火性能が建築物全体としての火災安全性能を大きく左右するので，特にこの部分が火災安全上の弱点とならないような配慮が望まれる．ビルが高層であれば，階段室の前に図2.1のように付室が設けられることになる．付室の面積や構造は，一般に当該階の避難者数や上階の避難者数によってそこに滞留が発生することから慎重に計画する必要がある．また，付室の扉は居室から廊下に流出したが侵入しないように自閉機構付きの遮煙扉となるのが一般的である．さらに，付室には万一流入した煙を階段室に侵入させないように排煙設備を準備することが必要となる．

廊下を1次安全区画，付室を2次安全区画，階段室を3次安全区画と呼ぶ場合もある．次数が大きい空間ほど，より高度で厳密な安全性能が必要となる．

これらの部材の目標性能を，単純に建築基準法に定める仕様書的な条件を満たすことにとどまることなく，それぞれの空間で発生が想定される火災と収容されている人員や，その避難能力に応じて性能検証法を用いて合理的な設計を行うことの有効性は言うまでもない．

建築物が高層化すると多数の空気調和のためのダクト，給排水のための配管や電気配線などが壁や床を貫通する．貫通部の処理を適切に行わなければ，その部分が火災安全上の弱点となるので，計画・設計段階では特に設備技術者と意匠設計者の連絡を密にすることを忘れてはいけない．

建築物の平面の面積が大きくなると，火災被害を局限化するために一定の大きさに防火区画することが建築基準法施行令第112条で規定されている．これが面積区画や高層区画と呼ばれるものである．図2.1においても基準階の面積が大きくなると，火災区画と避難区画を区画する壁・開口部は，耐火性能を要求されることになる．

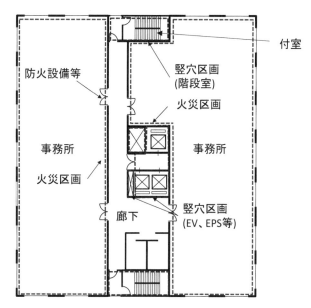

図 2.1 基本計画図における火災区画, 避難区画, 竪穴区画の例示

b. 建築物の外周の開口部や外壁と床との隙間からの上階への延焼拡大を防止するための区画：層間区画(図 2.2)

　火災を上階に拡大させるのを防止するため, 層間に区画が要求される. 床がその最も重要な役割を果たすことはいうまでもない.

　鉄筋コンクリート（RC）造の場合には, 床と外壁はともにRCで一体化していることから, 外壁開口部に必要なスパンドレル高さが確保されれば, 床を貫通する部材の周辺を適切な耐火材で必要な寸法まで保護することでこの目的は達成できた.

　しかし, 鉄骨造の場合には, 一般にコンクリート系または金属系カーテンウォールが床の鼻先に取り付けられるので, カーテンウォールと床の間に隙間が発生する. カーテンウォール部分に十分なスパンドレル高さを確保しても, この隙間を適切な耐火材でふさがなければ, その部分が火災安全上の弱点となる.

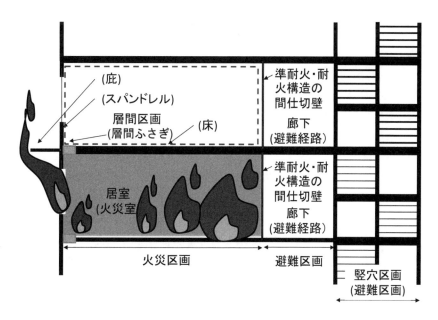

図 2.2 層間区画を構成する要素・部材

c. 煙の急激な拡散を防止して必要な避難時間を確保するための区画：防煙区画(図 2.3)

煙の急激な拡散を防止するために，単位空間の内部を防煙たれ壁で区分し，その区画内の外壁面や天井に配置された排煙口を開放して排煙することがある．ガラス系統の建具によって，煙の広範囲への拡大を遅らせる方法もある．

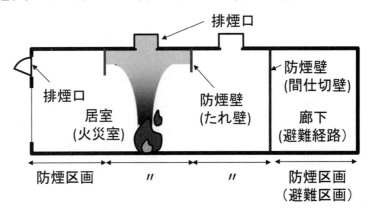

図 2.3　防煙区画を構成する要素・部材

d. 消防活動拠点などを確保するために消防法で規定する区画

一般的には，上記の区画は建築基準法で面積や構造などを規定している．それ以外に，消防活動を支援するための区画については，2.2.2 に記述するように消防法で定められている．

2.2　火災安全上の区画化にあたって配慮すべきこと

「火災安全上の区画化」は，日常的な性能要求に加えて，単純に火災安全の側面だけで考えても，以下に示すように，「避難，耐火，消防活動支援」計画・設計のいずれにも密接に関係しあう．このとき，「最初に防火法規制ありき」であってはいけない．火災安全以外の多様な要求性能をバランスよく満たし，火災安全に関わる性能検証技術などを活用して建築主の望む空間の利用目的を達成させる提言を行うことが大切である[※1]．

2.2.1　火災安全上の区画化と建築防災計画
a. 避難計画との関係

防火区画の中に火災安全上の防煙区画や安全区画をきめ細かく配置することは，室避難および階避難が必要な人数を少なくすることができ，また，避難距離を短くしかつ煙制御することと合わせると，一時的な避難に使用できる経路の選択肢や退避場所が増える効能がある．

耐火建築物の場合，層間の防火区画が確実であれば，火災は出火階にとどまる可能性が大きいので，一般的には竪穴区画の場所まで辿り着けば，そこで待機し，あえて階段を利用した避難は行う必要はない．法告示における居室避難検証法，階避難安全性能検証法，全館避難検証法の実施によって，一部の避難関連条文の適用除外することの根拠とも一致する．

しかし，上記の検証法で一般に用いられている廊下や階段での歩行速度は，わが国の急速な高齢化を考慮していないことに危惧を感じる．建築物の中に存在する居住者・利用者の高齢化は，階段など垂直動線を利用した避難に制限・支障を来たす可能性を高める．したがって，各階に水平避難を徹底するための区画を配置するなどの考え方は，特に病院や高齢者施設など避難自立性の低い人たちが多く，特に夜間火災時にこれらの人々の避難を介護する人の少ない施設に戦略的に有効な篭城区画の作り込み方とともに，今後さらに推奨したい．ここでも，区画計画の意義・重要性が認められる．

b. 構造体の耐火計画との関係

火災安全上の区画ごとの火災性状によって，構造体が受ける加熱外力は異なる．一般的に火災時に構造体が加熱されると熱変形や耐力低下が生じ，架構の安定性が損なわれるおそれがある．したがって，本来的には耐火設計は，火災安全上の区画ごとの火災性状に応じて架構の火災時の構造的安定性を確保するべきものである．しかしその作業は煩雑になるので，一般にはある大きさの防火区画ごとに範囲を限定し，火災範囲を限定することで構造体への熱入力を減じて，構造耐火設計を合理的に行う．区画を工夫することで，耐火計画を合理的にすることが可能である．

c. 日常機能との関係

防火区画など火災安全上の区画は，火災時の火と煙の拡大を阻止するものであるが，日常的には人と物や設備で搬送される空気やエネルギーが防火区画などの区画の開口部や，床・壁の開口部や貫通部を超えて流れている．そのため，区画の位置の設定にあたっては，日常機能との関係を考慮することが重要である．特に開口部に設ける防火戸やシャッターは，日常の通行量や周辺室との関係など使い勝手との関係を見落としてはいけない．また，これら防火戸などの閉鎖信頼性の向上については，特に設計上で配慮することが大切である．

区画を貫通する空調ダクトや給排水管，配線類など設備計画との関係も防火上の欠陥になることが多いので，設計だけではなく，施工時においても留意すべきである．区画の貫通を少ない計画は，その分火災拡大のリスクを低減する方法であるということができる．

2.2.2 火災安全上の区画化と消防活動支援計画

建築基準法と消防法は，火災安全性能を補完する役割を担う．

一般に建築基準法は少しずつ変遷してはいるものの，消防法における災害の再発防止に対する迅速な対応かつ現実的な対応に比べて遅い．

その一例として，東京消防庁の区画のあり方についての最近の対応を付録8)に示した．なお，消防・救助活動を円滑にするための区画としては，令8区画をはじめとして，さまざまな区画名称のものが規定されている．

これらの規定は，消防隊による救助および消火活動を円滑に行うことができれば，火災は短時間で鎮火され，人的および物的な損害を少なくすることができるとの立場から規定されている．

堅穴区画や面積区画を要する規模の建築物で火災が発生すると，消防隊は屋外からの直接的な放水や救助活動にとどまらず，建築物内部に消防活動拠点を設定し，必要な時間，消防隊員が内部に滞在して消防活動を行うこととなる．この消防活動拠点を構成する区画の性能が，火災時における消防隊の活動上の重要な要素となっている．

実際の消防活動を例に取ると，消防隊員は煙に汚染されていない消防活動拠点(クリアゾーン等と呼称される)において空気呼吸器を着装したのち，火災室の濃煙熱気の環境下に進入し，消火または救助活動を実施する．当然，空気呼吸器の容量が尽きる前にはこの隊員はクリアゾーンにいったん脱出し，空気ボンベを交換して再度進入するか，後続隊の隊員と交替する必要がある．消防隊が使用する空気呼吸器は，さまざまな性能の器具が採用されているが，ある消防本部の例をあげると，公称使用可能時間は約20分から27分程度とのことである．これは通常の呼吸を維持した場合であり，火炎の迫る要救助者を緊急に救出する場合など多くの酸素を消費する活動では，使用可能時間はさらに短くなる場合がある．結果として，消防隊員は火災の初期に消防活動拠点を通過するだけではなく，火災の収束までの間反復継続的に消防活動拠点を活用することとなり，単に遮熱性や遮煙性などだけではなく，ガラス部材の破損など区画性能の欠落は，隊員の生命や身体に重大な危惧を生ずることとなる．

消防活動上特に重要なものについて，以下に，個別要素を紹介する．

a. 非常用エレベーターの乗降ロビーおよび特別避難階段の付室

非常用エレベーターが設置される建築物では，消防隊は，非常用エレベーターを活用して火災階または火災直下階へ移動し，活動所要時間の短縮化を図っている．直下階への移動は，延焼状況や濃煙熱気の拡大状況により，火災階での活動が困難な状況を想定して，1層低い階に消防活動拠点を設ける意図で行われる．

非常用エレベーターには，耐火構造の床および壁で区画された乗降ロビーがあり，付室から屋内に通じる出入口等の開口部には特定防火設備が必要とされている．

特別避難階段の付室を兼用する乗降ロビーには，消防法の規定に基づき消防隊が消火および救助活動を行うために必要な設備が集約して設置されていることが多く，一定以上の規模の建築物における3階以上の階には，連結送水管による送水経路の確保がされているほか，11階以上の階には非常用コンセントによる活動用電源の確保がなされている．

b. 階段室

非常用エレベーターの設置されていない建築物では，消防隊の火災階または火災直下階までの移動は原則として階段であり，防火衣着装の重装備の上に消火用ホースや救助資器材を徒手で搬送して消防活動拠点まで到達する．このとき，階段室の区画により階段室内が煙で汚染されていない状態であることが期待されるが，区画施工の不備や防火設備の自動閉鎖装置の不作動等により区画形成がなされない場合には，消防隊は階段内において空気呼吸器の着装を余儀なくされ，火災階への到達が遅れるほか，活動可能時間も大幅に制限される懸念がある．

消防隊が火災階に到達した後は，階段室出入口の防火設備をいわば盾として消防活動拠点を階段室内に設置し，消防活動が行われる．この場合のクリアゾーンは，階段室最上部および避難階の双方の扉や窓を開放して排煙を促進することで設定することとなる．

［注］※1 日常的な機能，避難計画，耐火計画，消防活動支援計画と区画がどのような関係にあるかについて，本会防火委員会火災安全設計小委員会が2013年3月に刊行した「火災安全設計の原則」に丁寧かつ有用な記述があるので参考とされたい．

2.3 区画部材・工法に関する火災安全上の弱点と課題

2.3.1 区画部材・工法の種類と現行試験方法などの課題

さまざまな材料・工法が，それぞれに火災安全上の弱点を抱えながら区画部材として使用されている．

例えば，現場打ちのRC造で壁と床を構成すれば，開口部や貫通部以外は，区画部材の両側に一般的な用途空間を想定した場合には火災安全上の弱点は少ない．

しかし，実際にはRC造だけではなく，さまざまな材料や構造によって，区画の周壁は構成され，それらの特性は各々違うので，特に性能的な設計を行う場合には，それらの火災安全目的に合致させるべく，それらにあった区画設計を行う必要がある．

a. 垂直部材（壁）

垂直部材として，RC造以外にさまざまな材料・工法がそれぞれの空間目的に応じて採用されている．乾式工法には，ALC版，金属製パネル，ガラスパネル，サンドイッチパネル，木製パネルなどが目的に応じて自立壁の候補として存在する．また，軽量鉄骨間柱に石膏ボードなどを重ね貼りする中空壁もあり，一方，軽量鉄骨間柱にラスなどの吹付け下地を貼り付け，湿式や半湿式，乾式の耐火被覆の吹付けまたは塗付けを施した湿式壁もある．それぞれの防・耐火性能（遮煙性，遮熱性，遮炎性，非損傷性，放射遮断性など）の一部は，告示に規定する標準加熱試験によって概ね確認できる．

しかし，現状では施工法自身についての試験方法がないので，性能試験のために作成された試験体では性能を出現することができるが，実際にはそのような施工ができるのか不明であることや新しい材料工法の場合には，耐火性能は確認できても，耐久性が担保できていないなどの課題が残っている．

b. 開口部・貫通部

壁には，上述のように窓・ドアなど開口部と各種設備の貫通部分などがある．建築物内部の開口部には各種性能の扉に加えて，管理用シャッター，防火シャッター，防火・防煙シャッターが使い分けられている．なお，特定防火設備の設置に際して，消火活動のための消防ホースは，特定防火設備を通過して延長されることが想定される．このような場合には，可能な限り特定防火設備の閉鎖状態を確保すべく，特定防火設備（扉）の下方に消防用ホース通過孔を設置することを消防から要求されることがある．

また，煙制御の目的だけでいえば，防煙たれ壁のような防煙区画や，圧力差で煙の流失を抑える外見上は区画のない加圧防排煙方式もある．さらに最近では，ドレンチャー設備やスプリンクラー設備のヘッドを改良した散水装置によってできる水幕による区画も認められている．

c. 水平部材(床)

水平部材として，垂直部材に比べて使われる材料・工法は荷重を支える機能も要求されることから，それほど種類は多くない．デッキプレート鋼板の上に RC を打設するデッキプレート床版，メンブレン床工法，中空スラブ工法などがある．当然，床部分にも開口部や貫通部は存在する．

2.3.2 垂直部材や水平部材の火災安全上の弱点

火災の被害・影響を一定の範囲にとどめることで，円滑な避難を可能として人的な損失を防ぎ，自己および他者の財産の損失を最小限に食い止め，構造体の崩壊を防ぎ，さらには消防活動の円滑な進行を支援するようにすることが，「火災安全上の区画」化の目的である．

建築物は一般に垂直部材と水平部材によって必要とする複数の空間・ブロックなどに区分される．垂直部材は，概ね外壁と間仕切壁などに分けられ，水平部材は床となる．これらの部材は，一般的に開口部がなければ，その材質に依存した性能試験で確認した一定の防・耐火性能の再現・確保は可能である．

a. 垂直部材の開口部・貫通部

垂直部材(壁)には外光を取り入れる窓や人や物品などを通過させる扉などの開口部が，また，給排気など空調ダクトや配線・配管などの貫通部がある．

壁には床から天井までのものと上階の床までのものがある．さらに，壁とはいえないがパーティションによる区画もある．これらも多くの火災安全上の弱点を潜在させている．

特に外壁の窓ガラスによる開口部は，その空間において火災安全上の最大の弱点となり，出火後に比較的早くガラスは破れ，上階延焼の経路となるおそれがあることから，それを防止するためにスパンドレル・袖壁やバルコニーの幅に関する規定がある．

スパンドレルに関する規定は，外壁開口部として小さな面積の窓しか存在しない RC 造の小規模ビルしかなかった時代に規定されたもので，大規模な開口ガラス面を有するカーテンウォール部材の場合には，必ずしも十分ではない．RC 造の場合には，窓ガラスが破れて火炎が噴出した場合に着目して上階への延焼拡大の可能性について論じてもよかった．

しかし，カーテンウォール工法の場合には床面と壁面は一体でないことから，その隙間の区画部材としての性能要求を満たさない限り，単純に外壁開口部からの噴出火炎の長短だけで火災拡大の可能性の有無を論じることができない．それは，火炎が開口部から噴出する前に，上記の隙間から突き抜ける可能性があるからである．

さらに，日本は有数の地震国であり，多くのビルは何らかの地震の影響を受けて，この隙間を充填している一般に層間ふさぎと呼ばれる部分に亀裂や口開きが発生されることも懸念されるが，これらに関する試験方法なども規定されていない．

内部の開口部，特に扉も壁体部分の防火性能に比べて弱点を持つ．扉には閉鎖障害や火災時閉鎖の忘れ，壁と戸板周辺の隙間は煙や火炎を通すなどの弱点がある．また，常時開放している扉やシャッターも閉鎖障害の発生なども弱点となる．

さらに，室内に収容される可燃性物品の種類や量，配置も区画内の火災拡大性状を大きく支配する．例えば，同じ種類・量の可燃物が室内に均等に配置される場合と偏った配置では，区画部材に及ぼす火災の影響は，性能試験で確認されているものとは異なる点に留意すべきである．現状の性能検証法では平均的な配置を想定する場合が多いので，用途など区画利用の実態および設計火源の実態を正確に想定することが大切となる．

b. 水平部材の開口部・貫通部

水平部材には，階段，エレベーターシャフト，給排水・電気などの通信ケーブルなど竪穴や貫通部が生じ，さらに乾式工法の場合，外周部には床端部と外壁の間に一般に間隙が発生し，層間ふさぎが必要となる．また，異種の構造的な挙動の建築物の接続部にはエキスパンションジョイントも存在する．特に竪穴部分への漏煙や床貫通部な

どからの上階の火炎などの侵入は，火災被害を大きなものにする．

2.4 「火災安全上の区画化」計画書作成の意義

2.4.1 全関係者が「火災安全上の区画化」に関する情報を共有すべきである

　区画化による火災の抑止・制御などの目標レベルは，一般に施主と設計者の協議によって計画段階で決定する．この決定は重要なもので，その後の区画の種類や性能，開口部・扉位置の変更などは，当初設定した安全のレベルを損なう可能性がある．

　したがって，建物の施主・設計者・施工者だけではなく，建物利用者・管理者など全ての関係者が，火災安全のための区画を構成する部位・材料・工法には，それぞれに弱点を有する可能性があることを理解する必要がある．その上で，計画段階から区画化のイメージ作りを行い，次工程の設計段階における具体的な区画位置の設定，材料や工法の選択などに引き継ぐことが大切である．このとき，意匠設計者の独断で計画初期の区画化のイメージ作りを進めてはいけない．建築主（発注者・建物管理代行者を含む）だけではなく，構造設計者や設備設計者との綿密な協議や情報の共有は，必ず有効な工夫や方法を見出すことができる．それらの決定された情報を正確に伝達することが，万が一火災が発生しても，被害を最小限の範囲に限定する役割を果たす．

2.4.2 「火災安全上の区画化」計画書の役割

　「火災安全上の区画化」計画書(以下，区画計画書と呼ぶ)は，建築物の計画意図を，設計・施工・維持管理の各段階に的確に伝えるために重要な役割を果たす．したがって，その伝達・保存について明確にする必要がある．

　一般に施工期間までは，設計者がその思惑どおりに工事が進行しているか確認することはできる．しかし，建築物の引渡し後は設計者の手を離れて，建築主の管理下で数十年のオーダーで利用に供せられる．建築物の長い使用存続期間中には，各種設備の性能は劣化し交換が必要になる．また，新たな技術の出現や空間要求の変化によって，リニューアル・コンバージョンなどで建築的に手を加えることや，用途が同じであっても空間の利用方法・利用者の行動特性が変化することもある．

　このとき，特に性能検証法を適用した建築物にあっては，建築物の運用段階での区画の位置や材料工法の変更は，避難安全性能や耐火性能に致命的な影響を及ぼす場合もある．空間の用途や区画部材などの変更に際しては，当初の設計意図(区画計画書の記載が重要)からの乖離の有無を確認することを忘れてはならない．

2.4.3 区画計画書の作成

a. 設計しようとする建築物の防火区画，避難経路等を総合的に考慮した火災安全上に関する区画計画書を作成する．

　建築物の「火災安全上の区画化」計画書は，基本計画の段階から進めなければならず，建築物の用途・規模・構造ごとに作成する．第一に，火災安全上の区画化の計画の基本となるコンセプトをまとめ，その後の設計・施工・維持管理に反映させなければならない．そのまとめたものが基本区画計画書であり，必要な記載事項としては，次のような項目が考えられる．

- 区画計画のフロー，避難・火災・竪穴・面積各区画の位置，構成
- 避難経路，避難階段等の避難施設の位置，構成
- 消防隊進入路等の活動動線

b. 作成した区画計画書は，施工および維持管理に活用する．

　基本区画計画書に基づき区画設計を行い，その後の施工維持管理に反映させるものであり，必要な記載事項としては，次のような項目がある．

- 建築物の概要
    位置，構成，規模，用途，仕上げ
- 基本区画計画書

・区画計画図
　　避難・火災・竪穴・面積の各区画計画図
・設計図
　　平面図・立面図・断面図・矩計図・設備図
・維持管理

c．維持管理段階での区画計画書の変更記録の保管

　建築物の運用段階において，区画の変更を余儀なくされる場合も予想される．変更したと考える部位が火災安全上にどのような役割を果たしているのか，変更後も設計意図を損なっていないことを場合によっては第三者の評価を受けることも必要である．

コラム　防火技術者の設計初期からの関与の必要性

　設計者は，建築計画の初期段階から建築主と協議しつつ，さまざまな意思決定を行う．一般に日常的な要求を優先し，その敷地に建築可能なボリュームの大きさを勘案しながら事業目的を達成するために必要とする用途空間をゾーニング・ブロック化し，動線上に配置する，エスキス（素描）の段階を最初とする．このゾーニングやブロック化などによる平面計画などのエスキスによる検討行為は，火災安全性の確保のための「火災安全上の区画」化の第一歩目の作業と一致させて検討することが重要である．

　したがって，防火技術者がエスキスの段階から積極的に関与すると，建築主や設計者の火災安全に関する知識を補填することが可能となって，区画部材だけに頼らなくても，単に火災安全性を向上させるだけではなく，合理的な配置計画・平面計画・断面計画などを可能とする．言い換えると，防火技術者の役割は，その専門知識に基づいて建築主や設計者のさまざまな要求と反目しやすいわが国の防火規定を納得・調和させることであるともいえる．

　建築主の建設事業の目的に見合うように設定したゾーニング・ブロック化の骨子を基本として火災安全対策が十分に実施されないと，火災が発生した場合に被害は広範囲に及び，直接的には人命を多数損傷し，また，多くの資産を失うだけではなく，長期間の休業に伴う大きな遺失利益の発生，ビジネスチャンスの喪失，信用の失墜など間接被害の原因ともなる．

　火災安全上の区画化の計画は，火災被害を許容できる最小限の範囲に限定することを目的として，建築主が設定した事業目標を実現するための重要な一翼を担うものである．したがって，設計者や特に防火技術者は，単に法令を遵守するだけではなく，火災安全確保の視点からの区画計画の重要性とその実現・適切な維持管理に向けて建築主に提案・説明することが重要となる．

3章　区画部材の設計

3.1　区画部材の設計

　区画部材とは，火災安全上の区画を構成する壁や床等をいい，火災によって発生する煙の伝播・拡散を抑制したり，延焼を抑制・防止することにより，火災による被害を最小化して，在館者の避難安全・生命保護，円滑な消防活動，財産保護等のために配置されるものである．区画部材の設計においては，施主・設計者が区画計画において設定した目的・目標や建築基準法令の定める最低限度の技術的基準を達成するため，各防火区画の機能に応じて構成する区画部材や防火設備およびその取合い部等の性能および仕様等に関して設計する．また，区画計画上必要となる機能を満足するように，設計用火災外力に対して，煙の拡散防止や延焼拡大の防止等の条件・クライテリアを法令等[1)~5)]，規格[6)~20)]，本会指針[21), 22)]やマニュアル・ガイドライン等[24), 23)]の技術基準に基づき設定する．

　具体的には火災安全上の区画（火災区画，避難区画等）を構成する間仕切壁・床等の部材やその開口部に設けられる防火設備，区画貫通部，層間ふさぎ等について，それぞれ必要となる条件に適合するように各部材および各部の火災安全上の性能，すなわち，遮煙性，遮炎性，遮熱性，非損傷性等に関する防耐火性能を設定し，それを確保できる部材，部位の仕様等を選定することとなる．本章では，壁床等の区画部材や開口部，取合い部等において，区画を構成する部材や戸等を区画部材等と記す．

　火災安全上の区画は，単一または複数の居室，廊下等の避難経路を含む空間から構成される．建築物の工法にもよるが，一般的なラーメン構造の場合，区画を構成する部材は，壁や上下階の床等の面状部材，柱梁等の線状部材である．建築基準法上は，これらの部材は主要構造部として所要の性能が必要とされる．また，壁，床等の部材の一部分には開口部が設けられ，窓・扉，シャッター等が配置され，さらに給排水管や電気設備，空調用ダクト等の設備配管を設置するための貫通孔，開口部が設けられることが一般的である．それらの部分が延焼経路とならないように設計，施工段階において，適切な防火設備や特定防火設備の設置，防火措置方法を計画し，隙間等の弱点部が生じないように無理のない部材の設計や部材等の組合せが選定されなければならない．

　例えば，火災安全上の区画のうち，避難区画を構成する防煙上の区画は，可燃物の燃焼によって発生するガスや煙の伝播・拡散を防止し，在館者が安全に避難できる経路を確保することにある．火災発生室の防煙区画の設計では，想定する火源に対して火災初期に煙が広範囲に広がるのを防ぐため，防煙たれ壁，排煙設備，防煙上有効な間仕切壁等の配置・仕様等に関して検討を行うことになる．一方，盛期火災に対する火災区画の設計では，火災加熱の影響が及ぶ範囲を局所化するとともに，他区画へ延焼する時間を抑制することに主眼があり，火災外力に応じた間仕切壁，床の仕様等に関して検討することになる．

3.2　区画部材等の設計手順

　区画部材，防火設備，区画貫通部等の設計は，原則として以下のフローに従って行う（図 3.1）．まず，区画計画に基づき，①「区画の分類の明確化」を行い，設計目標を達成するために②「部材・設備等の特定と性能の設定」をする．その後，③「部材・部位の設計」において，③-1「火災外力の設定」と③-2「部材の性能確認」を実施して，最終的な③-3「部材・部位の仕様確定」を行う．

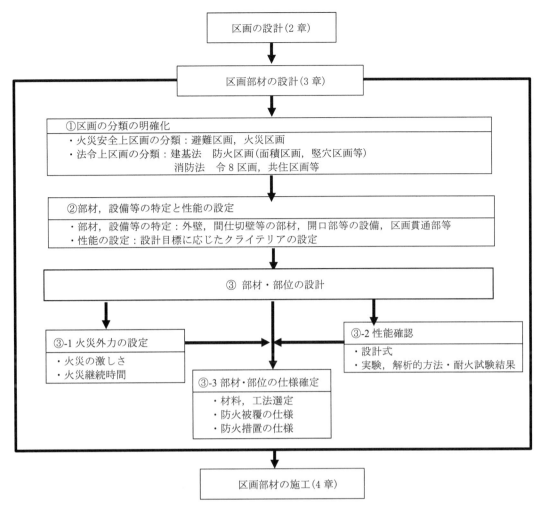

図 3.1　区画部材等の設計手順

3.2.1　設計対象となる区画の分類の明確化

区画部材等の設計においては，区画を構成する部材・部位およびそれらの要求性能を明確にするため，区画の設計（2章）において策定した基本計画図に示した火災安全上の区画が，建築基準法令上要求される防火区画（面積区画，竪穴区画，異種用途区画，高層区画等）のうち，いずれに該当するのか，また，避難区画（廊下，階段室），火災区画のいずれであるかなどの分類を明確にする．同様に，消防法における令8区画，共住区画等に該当するかどうかについても明確にする．区画計画において水平区画，特別区画等が設けられている場合については，他の区画とは要求する耐火性能が異なることがあるので特に明確化する．

3.2.2　区画を構成する部材等の抽出・特定と必要遮煙性能，耐火性能の設定

区画の分類および明確化した結果に基づき，それらの区画を構成する部位・部材，防火設備等の部位を抽出する．一般的な居室であれば，建築基準法上の主要構造部として外壁，間仕切壁，床（上階の床を含む），開口部に配される防火設備・特定防火設備が面を形成する部材・設備となる．ラーメン構造の場合，柱や梁も壁や床等と接続して区画を構成する部材となることもある．空気調和設備，給排水管，電気配線等が区画を構成する床，壁等を貫通する部分は，区画貫通部として部位を特定する．区画の種類に応じて必要とされる機能が異なるから，それに応じた性能を設定する．異なる種類の区画に面する，または接する部材等がある場合には，それぞれの区画の種類の機能が損なわれないように，遮煙性・遮炎性・遮熱性・非損傷性に関する耐火性能の評価・判定指標（クライテリア）を設定する．

3.2.3　区画に対する設計用火災外力の設定

初期火災時に想定する火災外力は，主として火災区画内の局所火源である．盛期火災時に想定する火災外力は，区

画内で発生する火災による熱的外力，噴出火炎等の火災区画の屋外を経由した上階の開口部・外壁への熱的外力，周囲で発生する火災を想定する．

設計時における区画の火災外力は，区画の設計(2 章)で設定した火災発生を想定する区画内の収納可燃物の種類・量，内装の可燃物量等を算定し，開口部の寸法形状，床・天井・周壁等の吸熱条件等を考慮して，火災室内の部材への熱的外力(火災の温度，継続時間)を設定する．火災階上階における開口部等に対する火災外力は，上記で算定した火災外力等を用いて算定する．

建築物の周囲で想定される火災の外力は，建築計画段階で建築物の立地条件(防火地域，準防火地域，法 22 条区域，それ以外)と周囲の建築物の状況を勘案して設定する．なお，爆発や衝突による衝撃荷重とそれによる火災，地震時に想定される建築物の内部火災や周囲での市街地火災，さらには津波火災等の 2 次災害による火災外力や火災と地震・暴風が同時発生するような複合災害については，現時点で十分な知見が蓄積されていないことを踏まえて，本書では対象としない．

3.2.4　耐火性能等を満足する各部材の仕様の検討

計画段階で選定した仕様の部材・設備の有する性能が，設計用火災外力に曝された際の部材等の裏面温度，火炎貫通の有無等について設定した耐火性能の評価指標に照らして不十分である場合には，部材の防火被覆の厚さを増加する等の検討を行う．設計用火災外力に対する部材等の性能の推定においては，耐火試験結果，実験結果，数値解析等に基づく検討を行う．一般に，試験・実験結果は理想化された条件下で得られるものであるし，数値解析等も一定程度の単純化がなされる．そのため，実際の建築物の推定に用いる際には，原則的に実験結果等によって内挿可能な範囲とする必要がある．しかしながら，実験等で確認できる試験体の寸法や熱的外力条件等にも限りがあるため，実験結果に対して外挿する場合には，外挿範囲における防火被覆等の構成材料の高温特性が耐火試験時から大きく変化しないことが必要であるとともに，数値計算や理論計算等によって，外挿の妥当性を補い，それが過度とならないことに留意する．さらには，一定の安全率，冗長性の確保等の方策についても設計段階で検討しておくことが必要である．

3.3　設計用火源，火災外力

設計用火災外力の詳細な設定は，本会の「建築物の火災荷重および設計火災性状指針(案)」[25]，「鋼構造耐火設計指針」[26] に示される方法を用いることにする．上記の指針類から要点を引用するとともに，その基本的な方法を以下に示す．なお，設計用火災外力は，区画の特性に合致した実験や解析結果に基づき設定することもできる．

3.3.1　初期火災

2 章にて設定した区画内の可燃物の条件に基づき，火災区画内の局所火災または移動火災の発熱速度を設定する．局所火災は火災時に燃焼する可燃物の近傍に他の可燃物がなく，延焼しない場合，つまり可燃物単体の燃焼に留まる場合に採用する(図 3.2)．移動火災は最初に燃焼する可燃物から一定時間経過後に近傍の可燃物へ延焼し，一定範囲の可燃物が燃焼・燃え尽きを生じるような場合に採用する．

一般に，これらの火災は，天井高の高い大規模空間や開放的空間等で生じやすい．また，局所的な火災であっても輻射能の大きい高温の煙層が形成されやすい天井の低い空間等では，煙層からの熱のフィードバックにより可燃物の燃焼が促進され，発熱速度が大きくなる．このような条件の火災区画では，設計用の発熱速度の割増しを行い危険側の条件設定を行う．局所火災における発熱速度 $Q(t)$ は，「建築物の火災荷重および設計火災性状指針(案)」等に基づき，火災成長率 α，火災減衰率 α_d 等を設定して算定することとする．また，図 3.3 は同指針(案)に示される移動火災の発熱速度の推移の一例であり，1 つのデスクから出火した際火災が，複数のデスクに延焼し燃え尽きるまでの発熱速度の計算結果となっている．移動火災の発熱速度の算定においては，出火した可燃物群をモデル火源として設定し，その火源から周囲の可燃物への入射熱を考慮して，着火時間を推定し，モデル火源の発熱速度を足し合わせる等の方法で算定する．同指針(案)を参考に設計火源の設定に可燃物が壁際や隅角部に配置される等の条件を考慮し，発熱速度に安全率を設定し割り増すことが推奨される．

設定された発熱速度に基づき，火災プルーム性状(プルーム温度，流量等)を算定し，煙性状(煙層温度，煙層降下)

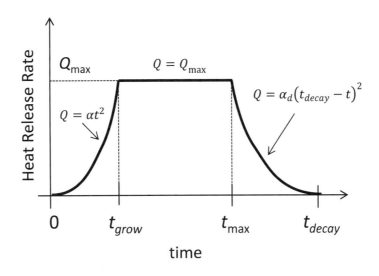

図 3.2 局所火災の典型的な発熱速度の推移

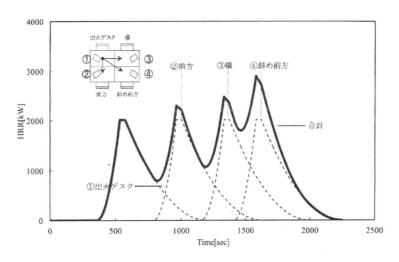

図 3.3 移動火災の発熱速度の推移の一例

を推定する．これらの設計用外力に対する排煙の効果を考慮した防煙区画の健全性の検討を行う．

3.3.2 盛期火災

火災区画内全体の可燃物が燃焼する盛期火災に達すると，火災区画から他空間へ延焼する危険が高まる．他空間への延焼過程は，火災区画を構成する周壁が加熱を受けて，熱伝導により非加熱面側の温度が上昇し，隣接する可燃物が着火温度に達する場合，周壁やその開口部に亀裂や隙間が生じ，火炎や高温の熱気流が他空間に流入する場合等に整理することができる．

各火災区画に対して，区画内の可燃物特性（表面積，発熱量），開口条件（開口高さ，面積），区画を構成する部材の幾何学的条件（表面積，厚さ）および熱特性等（放射率，熱拡散率，熱貫流率等）に応じて，火災の激しさ，火災の継続時間を算出する（図 3.4, 3.5）．なお，本書では，延焼を防止するための火災安全上の区画に関しては，他の区画へは延焼を生じさせず，当該区画内にとどまらせることを原則とする．火災進展中に周壁が崩落するような場合は，その現象がきわめて複雑になるためである．これらの複数区画への延焼を考慮した火災外力の推定は，研究段階であるため，設計に用いる延焼モデル等の妥当性が実大規模の実験結果等により検証される場合に限り，設計用火災外力の推定法として用いることとする．

火災外力の計算方法の詳細は，本会「建築物の火災荷重および設計火災性状指針（案）」によることとし，以下にはその概要を示すこととする．

盛期火災における室内の火災温度は，区画内の熱収支式と質量保存およびエネルギー保存則から導かれる(式 3.1, 3.2)[27), 28)]．現状の工学的知見の範囲においては，可燃物の発熱速度は，開口因子$A_{op}\sqrt{H_{op}}$を可燃物表面積A_{fuel}で除した燃焼型支配因子$\chi(= A_{op}\sqrt{H_{op}}/A_{fuel})$を変数とした実験式が用いられている．燃焼型支配因子は可燃物表面積あたりに供給される空気量を表しており，開口が大きく燃焼に必要な空気が十分に供給される場合には，燃焼性状は燃料支配型に移行する．区画内の温度が最も高くなるのは，可燃性ガスと空気が過不足なく燃焼する条件で，可燃物が木材の場合はχ=0.08程度，プラスチック系材料ではχ=0.15〜2.0程度であることが実験的に知られている．通常の事務所，集合住宅等の用途の居室では，開口の大きさに比べて可燃物量・表面積が大きく，換気支配型の燃焼の火災となりやすい．

　換気支配型燃焼時の室内における発熱速度Q_Hは，開口から供給される新鮮空気に含まれる酸素が燃焼に消費された際に発生する熱量から推定される(式 3.1)．この発熱速度と火災室内の温度上昇に寄与する単位時間あたりの熱量Q_T，対流および放射により放出される熱流出速度(Q_e, Q_r)，室内周壁への吸熱速度(Q_W)が釣り合うものとして，火災室の温度T_fを算出することとなる．また，火災継続時間t_fは，収納可燃物の総発熱量Wを発熱速度(可燃ガスの生成速度m_Fと可燃物の燃焼熱q_cの積)で除して求めることができる(式 3.3)．区画部材等の設計における盛期火災時の設計用火災外力は，収納可燃物が燃焼終了後の冷却過程も含めて算定する．

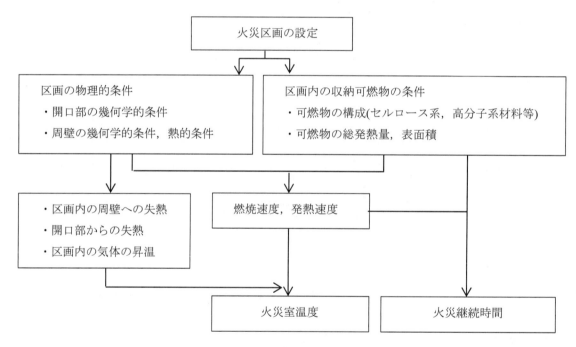

図 3.4　火災外力の算定フロー

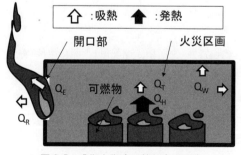

図 3.5　盛期火災時の熱収支の要素

区画内の熱収支　　$Q_H = Q_W + Q_E + Q_R + Q_T$ (3.1)

火災区画内温度　　$\dfrac{dT_f}{dt} = \dfrac{T_f}{c_p \rho_0 T_0 V}\{Q_H - Q_W - Q_E - Q_R - c_p(T_f - T_p)m_p - c_p(T_f - T_0)m_d\}$ (3.2)

火災継続時間　　$t_f = \dfrac{W}{m_F q_c}$ (3.3)

ここに，c_p, ρ_0, m_p, m_d, T はそれぞれ，空気の定圧比熱，比重，火災プルーム流量，流入空気量，温度である．また T の添字 f, 0, p はそれぞれ火災室内温度，空気(外気)温度，可燃物の熱分解温度である．

3.3.3 屋外火災

建築物の外部で発生する火災による外力は，建築物と敷地および周囲の条件により設定することになるが，長期的には周囲の環境が変化することも想定されるため，将来にわたる明確な条件設定は容易でない．本書では，屋外火災の熱的外力に関しては屋内火災と同等の火災を想定し，ISO834-1[6] に規定される標準加熱温度時間曲線(式 3.4)によることとする．欧州の各国で採用されているユーロコード(EN1991-l-2)では，屋外にある部材の火災外力を(式 3.5)で規定している．これは，屋外火災や開口部からの噴出火炎による加熱を想定するものである．

図 3.6 に，比較のため ISO834 の標準加熱温度時間曲線，屋外火災用および炭化水素火災用の加熱温度時間曲線を示す．ISO834 に比べて，ユーロコードの噴出火炎による屋外加熱温度は低く抑えられていることがわかる．また，炭化水素火災は，一般建築用の試験温度としては用いられないが，化石燃料等の火災が想定される場合には有効である．図 3.7 は，建築物の木造部分の防火試験方法(JIS A 1301-1994)の加熱曲線である．JIS の試験法は，木造家屋の火災実験に基づく外壁面の加熱温度が定められている．この温度は，モルタル仕上の外壁表面の温度が図 3.7 の標準加熱温度となるように，加熱炉内の温度が制御されるものである．これは，防火構造においてモルタル仕上げの外壁表面との相対的な性能比較を意図しているもので，加熱曲線は裸木造等の短時間で激しい燃焼を想定する場合に有効である．現在は失効しているが，防耐火試験法の国際調和以前は，昭和 34 年建設省告示第 2545 号に基づき，2 級加熱により，防火構造等の構造の屋外側加熱が行われていた．

火災の継続時間は，実況によらない場合は建築基準法施行令第 107 条の要求性能の区分によることとし，火災後の冷却過程も含むものとする．周囲で発生する火災の影響の及ぶ範囲は，周囲の建築物の状況に応じて変化する．そのため，検討する範囲は，「延焼のおそれのある部分」として建築基準法に定められる範囲(隣地境界線や道路中心線から 1 階にあっては 3m 以下，2 階以上にあっては 5m 以下)に限らず，実況に応じた範囲とする．ただし，理論および実験的事実等に基づき，建築物周囲の条件を考慮した火災外力の設定の合理性が示される場合はこの限りでない．

(1)標準加熱温度時間曲線
　　Standard fire curve　　　　$T_{ext.fire} = 345 \log_{10}(8t + 1) + 20$ (3.4)

(2)屋外火災用
　　加熱温度時間曲線　　　　$T_{ext.fire} = 660(1 - 0.687 e^{-0.32t} - 0.313 e^{-3.8t}) + 20$ (3.5)
　　External fire curve

(3)炭化水素火災用
　　加熱温度時間曲線　　　　$T_{ext.fire} = 1080(1 - 0.325 e^{-0.167t} - 0.675 e^{-2.5t}) + 20$ (3.6)
　　Hydrocarbon fire curve

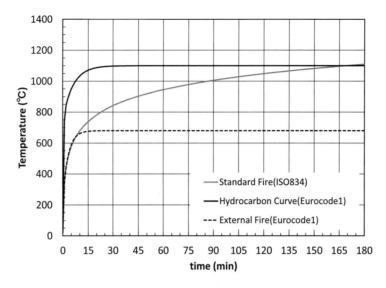

図3.6 各種の火災温度時間曲線

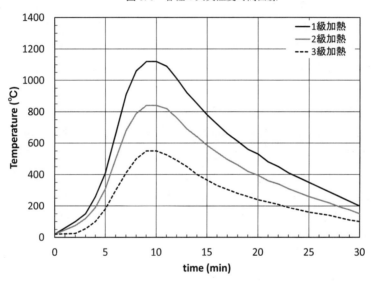

図3.7 加熱試験温度（JIS A1301 建築物の木造部分の防火試験方法）

3.3.4 噴出火炎による加熱

建築物内の収納可燃物は，紙類や木製の仕上げや建具等のセルロース系の材料やソファのクッション等の家具や什器類は，高発熱量のプラスチック系素材で構成されことがある．それらが燃焼に伴い熱分解し，発生した可燃性ガスが火災区画内で燃焼せず，開口部から噴出した後，火災区画外でその可燃性ガスが燃焼し，火炎長さが伸長する可能性が指摘されている．さらに，近年のガラスファサードを多用した建築物に見られるような開口部が横長の場合，開口部から噴出した火炎は壁際に沿って上昇する性質があるため，上方階への延焼の危険性を検討しておくことが重要である．

特に，上記のような場合，盛期火災時に換気支配型の火災では，火災区画の開口部から大量の火炎や熱気流が噴出する．熱気流の噴出する開口部の形状が横長になるほど，熱気流の中心軸が外壁面に近づき，大きな熱流が開口上部に入射することが明らかとなっている．「建築物の火災荷重および設計火災性状指針(案)」に基づき，開口から噴出する熱気流の温度，火炎の形状は，火災区画の温度や可燃物の発熱速度，開口の形状を用いて算定する(図3.8)．

無次元距離 z/r_0 と
無次元温度 θ の関係

$$\frac{z}{r_0} = \{-4\ln(2\theta)\}^{\frac{5}{4}} \tag{3.7}$$

無次元温度
$$\theta = \frac{\Delta T_0 r_0^{5/3}}{\sqrt[3]{Q^2 T_0 / c_p^2 \rho_e^2 g}} \tag{3.8}$$

ここに，
- z ：開口上端からの鉛直距離(m)
- r_0 ：開口部における噴出火炎面の等価半径(m)
- θ ：無次元温度(-)
- ΔT_0 ：気流軸上の温度上昇(K)
- Q ：噴出熱気流の熱量(kW)
- ρ_e ：噴出ガスの密度のガス密度(kg/m³)
- c_e ：噴出ガスの比熱
- g ：重力加速度(m/s²)

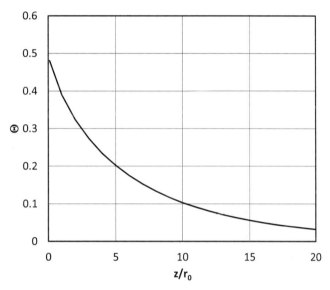

図 3.8　噴出火炎の軸上温度

3.4　部材等に要求される性能

　火災安全上の区画を構成する部材・防火設備等には，遮煙性，遮熱性，遮炎性，非損傷性の性能のうち，表 3.1 に示すとおり，火災フェーズ等の条件に応じて，区画計画で設定した機能が確保するように必要な性能を設定しなければならない．区画の機能としては，区画の種類に応じて以下のようなものがあげられる．火災階の廊下のような避難区画では，「火災階から避難完了するまでの間避難者の安全性を保たなければならない」こと，高い安全性が期待される籠城区画では「火災が終了するまで，当該区画の用途に応じて，区画内に支障なく留まることができる」こと，特に重要な情報や貴重な財産等の保管場所として設定される特別区画では，「火災終了まで，区画内の収納物等を毀損させない」こと等がその機能として求められる．それらを達成するための性能(裏面温度，時間等)は一律ではないことを留意する必要がある．

表 3.1　火災安全上の区画に要求される機能と性能の概念

火災安全上の区画を構成する部材等の機能（①～③）	機能に対する部材等の性能（A～D）	要求される性能の基準となる現象・物理量等	
①避難安全の確保 ②円滑な消防活動 ③延焼拡大の防止	A 遮煙性：①,②,③ B 遮熱性：①,②,③ C 遮炎性：①,②,③ D 非損傷性：①,②,③	A 遮煙性 ・漏煙量 ・隙間，亀裂の発生	B 遮熱性 ・部材等の裏面温度 ・部材等からの放射熱
		C 遮炎性 ・隙間，亀裂の発生 ・高温ガス，火炎貫通	D 非損傷性 ・構造体の温度 ・構造体の変形 ・構造体の耐力

主として要求される機能・性能と火災フェーズ

区画の種類	機能	燻焼状態	初期火災	階避難完了 盛期火災	全館避難完了 減衰期	火災終了後 鎮火後
				消防活動中		
出火室の防煙区画	①	A	A	—	—	
火災安全上の区画	①	A	A,B,C	A,B,C,D		—
	②	—	B,C	B,C,D		D
	③	—	B,C	B,C,D		D

3.4.1　防煙区画を構成する部材・設備に要求される性能

　防煙区画は，単に煙の拡散を防止することだけではなく，一定量の煙を溜めることで排煙効率を向上させる効果をも期待するもので，煙制御において重要な役割を果たす．防煙区画を構成する部材・設備としては，防煙たれ壁や間仕切壁・天井，開口部の扉等であり，それらに要求される性能は，防煙性，遮煙性である．ここで防煙性とは主に防煙たれ壁に要求される性能であり，火災発生後のごく初期に天井面に形成される煙層の水平移動・拡散を防止・遅延させるとともに，煙層の厚みを増すことで排煙効率を上昇させることを目的とする（図 3.9(1)）．遮煙性とは間仕切壁や建具に要求される性能であり，その区画内に煙を閉じ込めて他の部分へ拡散するのを防止することを目的とする（図 3.9(2)）．また防煙性・遮煙性には，火源や火災室区画から発生する煙に対して，避難活動に支障が生じるような煙の漏煙や区画部材自体からの発煙がないことも必要である．防煙区画を構成する部材に求められる性能は，竪穴区画を構成する部分か否かによって大きく異なる．階段室，エレベーターシャフト，吹抜け，アトリウム，エスカレータ等の竪穴については，竪穴区画を構成する部分以外の壁等部分（一般の防火区画）よりも高い遮煙性能が必要となる．また，PS・EPS 等については，可燃性の配管，電線等の設置が想定されることから，竪穴よりも各階の床レベルで区画をすることによって，防煙・遮炎性能を確保することが推奨される．

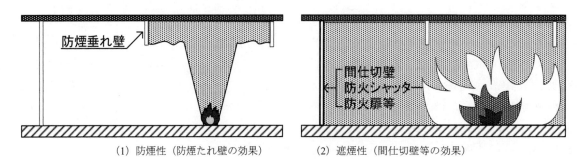

(1) 防煙性（防煙たれ壁の効果）　　　(2) 遮煙性（間仕切壁等の効果）

図 3.9　防煙性と遮煙性 [22)]

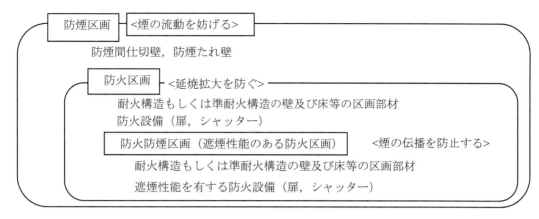

図 3.10 防煙性と遮煙性

a. 防煙壁

防煙壁は，火災初期の煙の拡散を防止し，一定量・厚さの煙を区画内に溜めることで排煙の効率を促すことが期待される．防煙壁は，建築基準法においては，間仕切壁や天井面から 50cm 以上下方に突出したたれ壁，その他これらと同等以上に煙の流動を防ぐ効果のあるもので，不燃材料で造るか覆われたものとして規定されている（建築基準法施行令 126 条の 2）．

防煙たれ壁には，固定式，可動式がある．固定式では，線入りガラスや躯体梁を利用したものが用いられる．また，可動式のものとしては，ガラス繊維を用いた不燃布や鋼製・アルミニウム製のパネル式のものが用いられている．火災発生後ごく初期の煙の拡散防止を目的としているため，初期火源から発生する熱気流等により，容易に溶融や脱落・破損しない，着火・発煙しないなどの性能が必要であり，建築基準法上の不燃材料としての性能が要求されている．なお，線入りガラス等固定式の防煙たれ壁では，天井や構造体への設置方法や留付け方法が地震時等の変形に十分追従できるとともに，亀裂や脱落が生じることのないように留意する必要がある．

火災区画と避難経路である廊下（安全区画）との間に設置される床から天井に達する壁とその開口部に設けられる扉には，防煙たれ壁よりも高い遮煙性が期待される．これらの壁には，軽量鉄骨下地にせっこうボードやけい酸カルシウム板等の面材を貼り付けた乾式間仕切壁等が用いられるのが一般的である．乾式間仕切壁においては，面材に亀裂や切り欠き等がなければ，面材自体の遮煙性は高い．しかしながら，壁が複数層の面材を有する構成でない単層構成である場合，面材の突付け部等の目地部の隙間処理等が不十分であると，目地部から著しい漏気が発生するおそれがある．また，床や天井，柱や周囲の壁との取合い部については，構造体等との変形追従性を考慮し，四周に耐火性のある人造鉱物繊維（生体溶解性等の環境配慮型のものとし，石綿等の人体等に有害なものを除く）を充填し，さらに弾性シーリング等を充填するなどの処置が必要である．

火災時における壁および壁の周囲を含む部分からの漏気量については，明確な試験法や基準が整備されていない．特別区画および籠城区画以外の火災安全上の区画であって，竪穴区画を構成する部分以外の壁にあっては，火災階の在館者全員が階段室や特別避難階段の付室等に移動するまでの間，避難上支障のある煙の流出を抑える性能があればよい．その具体的性能は各階の避難時間や排煙計画に応じて決定されるが，一般の火災安全上の区画の大部分を構成する壁が壁の周囲部分において開口部に設けられる扉等よりも著しく遮煙性が劣ることは，排煙効率等を考慮した避難計算等との整合性を欠くことになる．本書では，一般の火災安全上の区画を構成する壁にあっては，昭和 48 年建設省告示第 2564 号の別記に規定する遮煙性能試験方法または，JIS A 1516-1998「建具の気密性試験方法」等の試験装置を用いた方法により，周囲の取合い部を含む壁の遮煙性が防火設備に求められる防煙性能と同等以上の性能を有することを確認した上で使用することを推奨する．ただし，壁からの漏煙を考慮して，避難計画等が策定される場合にはこの限りでない．また，竪穴区画を構成する壁等の部分にあっては，在館者が屋外等への避難が完了するまで，漏煙しない性能を要求する．

b. 防煙区画の開口部に設ける建具等の性能

一般の火災安全上の区画の開口部に設ける建具等においては，火災階の在館者全員が階段室や特別避難階段の付室

等に移動するまでの間，排煙計画等を考慮した上で，廊下等への避難上支障が生じない程度に煙の流出を抑える性能があればよい．

一方，階段室，エレベーターシャフト，吹抜け，アトリウム，エスカレータ等の竪穴に煙が侵入すると，火災によって生じる高温の煙の浮力や建築物全体の煙突効果等によって火災階から上層階へ煙が急速に拡散するため(図3.11)，竪穴を区画する部分の開口部に設けられる戸やシャッター等には，遮煙性・遮炎性が必要となる．遮煙性は，昭和48年建設省告示第2564号では，圧力差が19.6Paのとき，$0.20m^3/m^2.min$と規定しており，本書においてもこれを準用する．なお，火災時におけるエレベーター乗り場戸の試験法を規定するISO3008-2(Lift landing door assemblies)[14]においては，エレベータードアの幅あたりの漏気量の判定基準として，標準加熱において14分後の漏気量が$3m^3/min.m$を超えないこと規定している．標準加熱試験における漏気量であるため，防火設備の遮炎性と同条件での比較にはならないが，幅1.2m×高さ2.1m程度の幅を想定すると，約$1.2 m^3/m^2.min$となり，盛期火災においても，防火設備に要求される漏気量の6倍程度に留めることを求めていることになる．

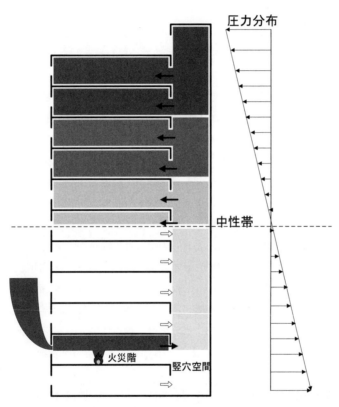

図3.11 竪穴区画への漏煙時の煙の挙動

3.4.2 延焼拡大防止上の区画を構成する部材・設備の要求性能

火災安全上の区画のうち，延焼拡大防止のための区画を構成する床，壁，柱，梁，屋根等の部材や開口部に設置させる防火設備，区画を貫通する部分(区画を構成する部材等という)には，表3.2，3.3，図3.12に示すように在館者等の避難安全性確保，火災拡大防止による出火建築物の被害軽減，建築物の崩落の抑制・防止による建物周囲への被害抑制を達成するための性能が必要となる．

火災時には建築物の架構等を構成する耐力要素である柱，梁，床等には，火災建物の倒壊防止や建築物の部分の崩壊防止の観点から非損傷性が求められる．柱であれば，高温時座屈の防止，梁・床では，曲げ崩壊等に伴う大変形の防止等の性能を付与することである．建築物の耐力要素の非損傷性は部材の崩壊モードのみならず，架構全体の応力再配分作用等の影響を受けることから，壁・床等の区画を構成する部材等の性能と独立するものではなく，両者が一体として建築物の耐火性能を確保していることになる．つまり，構造体の加熱範囲は火災が壁や床等で区画化されることによって局所化され，架構の変形や構造体の崩壊のモード等が，耐火設計において想定したとおりに制御できる．また，万が一部材が耐力を喪失したとしても，建築物の大規模な崩壊を抑制できる等の効果が期待できる場合もある．

しかしながら，構造体と区画構成部材のいずれか一方の性能向上だけで建築物の耐火性能を確保しようとすると，アンバランスな設計にもつながりかねない．

人命安全を確保する上では，火災安全上の区画を構成する部材等は，想定されうる避難および消防活動が終了するまでの間，避難等に支障のある延焼を防止できる遮熱性，遮炎性，建築物の倒壊または建築物の部分を崩壊させない非損傷性を有している必要がある．また，周囲への被害を抑制し，火災による被害を軽減する上では，火災が終了するまで延焼を防止し，部材等を崩壊させないための非損傷性も必要となる．

各必要性能の許容基準は，区画の種類に応じて ISO834，本会の「建築物の火災安全設計指針」，実験等に基づき設定する．ISO834 では，崩壊に対する鉛直部材，水平部材の変形量や変形速度，裏面温度の温度上昇値，遮炎性等の許容値が規定されている．また，本会の「建築物の火災安全設計指針」においては，放射熱や火傷に関する基準が示されている．

ISO834 の変形量・変形速度の規定は，他部材との関係を考慮しておらず，部材単体の崩壊のみを対象としているため，部材の変形量は大きく，耐火試験等においても許容値まで試験を継続することが困難であることが多い．構造部材の変形量が大きいと部材が崩壊する以前に区画を構成する部材の遮炎性，遮熱性等が失われるおそれがある．設計上の許容値としては，他の部材の変形追従性等を考慮して変形の許容値を定める必要がある．

また，ISO834 において，遮熱性は，耐火試験において部材への火災加熱後も非加熱面温度が上昇し続けることに基づいて，木材の着火温度等よりも低い限界値を規定している[7]．当該規定の根拠となる実験[29]では，火災加熱を受けるレンガ造の壁の非加熱面に綿やおがくずを詰めた箱を設置し，その内容物に燃焼痕・炭化痕が生じた温度を確認している[7]．非加熱面の温度が 204 ℃（または 163 ℃の温度上昇）よりも低い条件では着火痕等は確認されず，それより高温では着火に近づき，232〜260℃範囲で着火の痕跡が確認されている．

遮炎性のクライテリアを設定する場合には，避難経路に面する部分については，避難者の接触による火傷への影響や開口部へ設置する防火設備等からの放射熱と避難者の離隔距離を考慮して，許容値を設定する必要がある．

表 3.2 各部位に要求される基本的性能

部位 (構造体・非構造部材)				非損傷性	変形追従性*1	遮煙性	遮熱性 (非加熱面)	遮炎性 (非加熱面)
柱・梁				○	○	—	○*2	○*2
床(下面加熱，上面加熱)				○	○	○	○*2	○*2
壁	構造部材	間仕切壁		○	○	○	○	○
		外壁	屋内側加熱	○	○	—	—	○*3
			屋外側加熱	○	○	○	○	○
	非構造部材	間仕切壁		—	○	○	○	○
		外壁	屋内側加熱	—	○	—	—	○*3
			屋外側加熱	—	○	○	○	○
屋根(非歩行)				—	○	—	—	○
屋根(歩行)				○	○	—	○	○
間仕切壁の開口部に設ける防火設備(戸，シャッター等)				—	○	○*6	○	○
床の開口部に設ける設備				○*5	○	○	○*2	○*2
外壁の開口部の防火設備(窓，戸等)		屋内側加熱		—	—	—	—	○
		屋外側加熱		—	—	○	○*4	○

[注] *1：部材等の変形によって，接続する他の部位の性能が損なわれない場合は不要である．
*2：非火災区画に面する部分に必要となる．
*3：炎の噴出によって屋外部分に延焼するおそれがない場合は不要となる．
*4：屋外火災または噴出火炎等による屋外からの加熱により，屋内の可燃物等に延焼しない場合は不要である．
*5：歩行の用に供さない場合は不要となる．
*6：防煙区画を構成しない場合は不要となる．

表 3.3 各性能とクライテリア [30]〜[39]

部位 基準等	必要時間	非損傷性*		遮煙性	遮熱性 (非加熱面)	遮炎性 (非加熱面)
ISO834 ISO3008-2 ISO5925-2	—	耐力が作用荷重を下回らないこと (崩壊しないこと)	鉛直部材： $H/100$ 水平部材： $L^2/400d$	漏煙量： $3m^3/min.m$ 煙濃度： $1\%_{Vol}$	最高温度上昇 180K 平均温度上昇 140K	・10秒以上の間，炎の存在しないこと ・コットンパッドが着火する亀裂・隙間の発生しないこと ・加熱側への150mm×6mm以上または，直径25mm以上の亀裂・隙間が発生しないこと
避難区画	避難が終了するまでの間	〃	他の部材の性能を損なわない変形量	避難者が活動可能な煙濃度	避難者の接触により火傷等が生じない温度	炎が存在しないこと
火災区画	火災が終了するまでの間	〃	〃	—	可燃物等が燃焼しない温度	ISO834に準じる
籠城用の区画	火災が終了するまでの間	〃	〃	籠城する者の活動に支障のない漏煙量・煙濃度	籠城する者の活動に支障のない温度	・炎が存在しないこと ・亀裂，隙間がないこと
特別な用途の区画	火災が終了するまでの間	〃	〃	内在物(保管物)が変質しない漏煙量・煙濃度	内在物(保管物)が変質しない温度	・炎が存在しないこと ・亀裂，隙間がないこと

[注] *ISO834-1では部材の変形速度についても規定しているが，火災室温度や部材温度の上昇速度を考慮しても，設計において変形速度を評価することは煩雑であるので，変形量のみとする．

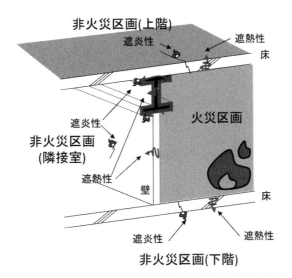

図 3.12 延焼拡大防止のために部材に要求される性能

a. 壁

火災安全上の区画を構成する壁は，鉛直力を負担する耐力壁，負担しない非耐力壁に大きく分けられる．また，外壁であるか室を区分する間仕切壁に分けられ，それぞれの分類によって必要となる性能が異なる．

(1) 間仕切壁（耐力壁・非耐力壁）

区画全体火災に対して，延焼拡大防止のための区画を構成する間仕切壁に求められる基本的な性能は，非火災室への延焼を防止するために必要な遮熱性と遮炎性である．当該壁が上階の床や梁等から伝達される鉛直荷重（固定荷重，積載荷重）を支持する耐力壁の場合には，非損傷性も必要となる．

壁の上端または下端が固定され，または接続する梁・床等の水平部材の火災時の変形（たわみや伸び出し等）に対して，非損傷性，遮熱性，遮炎性が損なわれないことが必要である（表 3.2 変形追従性）．壁の上下以外の両端で壁や柱等に接続する部分にも，柱や壁の変形（軸方向変形，面外変形）によっても性能が損なわれないことが必要となる．壁や周囲の構造体と接続する部分の変形追従性が確保しにくい構造・仕様である場合は，構造体の温度上昇等を抑えて変形量を小さくする必要がある．

避難区画の壁の耐火性能は，在館者の避難が完了するまでの間，必要となる．荷重支持部材の非損傷性は，部材等の耐力が作用荷重を上回り，崩壊等に至らないことが必要となる．避難区画を形成する壁の遮熱性は，避難が完了するまでの間，避難者の接触により火傷等が生じない温度とする．遮炎性としては，炎の存在，高温ガス等が貫通する亀裂・隙間が全くないことが必要である．

火災区画の壁の非損傷性は，火災が終了するまでの間，必要となる．火災区画を形成する壁の遮熱性は，火災が終了するまでの間，非火災区画の可燃物等が燃焼しない温度とする．遮炎性としては，非火災区画の可燃物が燃焼するような貫通する亀裂・隙間が生じないことが必要である．

籠城区画を構成する壁においては，火災が終了するまでの間，非損傷性が必要であり，遮熱性，遮炎性にあっては，籠城者の属性に応じて，火災時においても非火災時と同様の活動が維持できるようにする．特別区画においては，保管物等が変質・毀損しない条件を保持する必要がある．

(2) 外壁（耐力壁・非耐力壁）

屋外からの火熱に対して，外壁に要求される基本的な性能は，間仕切壁と同じであるが，屋内からの火熱に対しては，屋外部分に接して大量の可燃物が置かれることがなければ，遮熱性を要求する必要はない．

火災安全上は，外壁の耐火性能とは別に，外装材の着火性や難燃性について検討しておく必要がある．特に木製外装材や高分子可燃性材料を芯材としたサンドイッチパネル等は，ひとたび燃焼を始めれば，加速度的に上方へ延焼していく可能性が高い．また，溶融・液化した外装材が下方へ落下して，下階でも延焼することもある．

これらに対して，外装材の端部処理やファイアーストップ等で一定の延焼抑制が期待できるとの報告[40]もある．しかしながら，一般的に外装材に用いられるコンクリート，モルタル，ALC，石材等，基材が不燃性の外装材とは根本的に性能が異なるので，使用する場合には細心の注意が必要である．

b. 床

区画全体火災に対して，火災安全上の区画を構成する中間階の床に求められる基本的な性能は，下面加熱を受ける上階の床，上面加熱を受ける下階の床の非損傷性と非火災室への延焼を防止するために必要な遮熱性と遮炎性である．火災時の床の変形(たわみ等)にあっては，同一の火災区画を構成する壁等の性能を低下させない変形量とする．

避難区画の床の耐火性能は，在館者の避難が完了するまでの間に必要となる．避難区画を形成する床の遮熱性は，避難が完了するまでの間，避難者の接触により火傷等が生じない温度とする．遮炎性は，避難が完了するまでの間，炎の存在，高温ガス等が貫通する亀裂・隙間を生じさせないことが必要である．

火災区画の床の非損傷性は，火災が終了するまでの間，必要となる．火災区画を形成する床の遮熱性は，火災が終了するまでの間，非火災区画の可燃物等が燃焼しない温度とする．遮炎性としては，非火災区画の可燃物が燃焼するような貫通する亀裂・隙間が生じないことが必要である．

籠城区画を構成する床においては，壁と同様に火災が終了するまでの間，非損傷性が必要であり，遮熱性，遮炎性にあっては，籠城者の属性に応じて，火災時においても非火災時と同様の活動が維持できるようにする．保管物等の状態に特別な配慮が必要な区画においては，保管物等が変質・毀損しない条件を保持する必要がある．

c. 柱・梁，部材間の接合部，取合い部等

柱・梁が火災安全上の区画の一部を構成する場合(図3.12)には，非損傷性および遮熱性，遮炎性が必要となる．非損傷性は，原則として火災が終了するまで作用荷重を支持できることが必要である．梁の下部や柱の側面に区画を構成する壁等がある場合には，火災時の変形によって壁等の性能を損なわないことが必要である．また，柱・梁と壁や床との取合い部分は，設計用火災外力を受けてもその性能を失わないように，十分な変形追従性を有する不燃性の材料を充填する等仕様上の配慮が必要となる．

一定の耐火性能が要求された区画を構成する壁であっても，加熱による鉛直部材や水平部材の伸び出し，剛性・強度の低下による変形の増加等により，壁と柱梁等の取合い部に思わぬ隙間が生じる可能性がある．また，部材温度の上昇による部材の伸び出しによって生じる熱応力や区画部材が他の構造体による強制的な変形に対し，周壁に生じる隙間等を発生させない，もしくは可能な限り極小化することは，延焼拡大防止上，極めて重要である．特に，荷重を支持することが考慮されていない壁が区画を構成する場合，火災加熱に対する熱挙動に対し脆弱である可能性があり，延焼防止性能が十分に発揮されない可能性が考えられる(図3.13)．区画を構成する周壁等には，そのような観点からも，仕様について一定の耐火性能を保有するような対応が求められる．

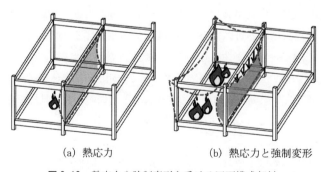

(a) 熱応力 　　　(b) 熱応力と強制変形

図 3.13 熱応力や強制変形を受ける区画構成部材

d. 屋根および外壁

建築物の外周部を構成する区画部材である外壁,屋根に要求される性能は,屋内火災または屋外火災によって異なる(図3.14).建築物の屋内で発生する火災に対しては,遮炎性が必要である.設計用火災外力により外壁,屋根が加熱された場合であっても,火熱による部材に亀裂や破壊等が生じず,屋外へ炎を出さないことが必要となる.外壁や屋根の場合,屋内からの加熱により,屋外側の面が高温となっても外部への延焼の危険性は一般には小さいため,遮熱性は必ずしも必要ではない.一方,建築物の周囲・屋外で発生する火災に対しては,遮熱性および遮炎性が必要となる.

周囲で発生する火災の設計用火災外力は,隣接建築物の火災によって生じる加熱を想定し,建築物の周囲の状況によって適切に設定するものとするが,周囲の条件が確定しない場合には,ISO834の標準加熱曲線による加熱を設計外力としておけば,通常は厳しめの火源と考えられる.

屋根および外壁の非損傷性に関して,それらが荷重支持部材でない,非耐力壁や屋上として利用され,固定物等が設置されていない非歩行屋根のような場合には,部材単体の崩壊そのものが構造体の非損傷性に与える影響は大きくはないが,崩壊による火炎の噴出や部材の崩落による衝撃や周囲への飛散が発生するおそれがある.また,噴出火炎が発生する開口部の上部の外壁は,屋内火災および噴出火炎により両面から火熱を受けるため,十分な性能がないと防火上有害な破壊等が生じるおそれがあるため,設計上,十分に留意する必要がある.

外壁に開口部がある場合,火災区画の外壁開口部から噴出する火炎による上階や隣接区画への延焼を防止するために,外壁から突出する袖壁や庇・バルコニー(袖壁等)を設けることが有効である.袖壁,庇は,遮炎性が必要である.設計用火災によって発生する噴出火炎を受けても袖壁等に防火上有害な破壊等が生じず,有効に火炎を防止することが要求される.

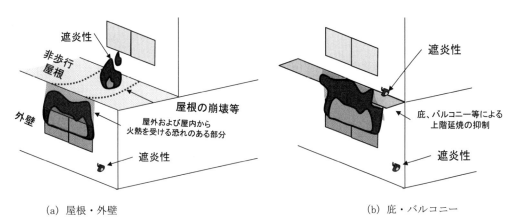

(a) 屋根・外壁　　　　　　　　　　(b) 庇・バルコニー

図3.14 屋根や外壁に要求される性能

e. 区画部材に設ける開口部(水平,鉛直)

防火区画を構成する壁の開口部に設ける防火戸・扉,シャッター等の防火設備には,基本的な性能として遮炎性が必要となる.区画内の内容物を保護する必要がある場合等のように,区画により高い安全性が求められる場合には,付加的に遮熱性も必要となる.遮炎性を確保するには,防火扉等により,火炎,火気流,煙が火災区画から噴出,漏洩するのを防ぐ必要がある.遮熱性を有しない防火扉やシャッターが避難経路となる部分にある場合,高温の防火設備からの放射熱により,避難上支障のないようにする必要がある.また,遮熱性を有しない防火設備は火災時に高温化し,放射熱により可燃物や可燃性の内装等が着火する可能性があるため,遮熱性を付与するか,着火範囲内に可燃物を配置しない等の離隔距離を確保することが必要である.開口部近傍には可燃物・可燃材料が設置されないことが原則であるが,開口部が大きく,遮熱性を有しない防火設備が設置されると,可燃物と十分な離隔距離を確保しないと,放射熱により着火する可能性があるため,注意が必要である.

外壁の開口部の窓等に遮炎性が付与されていると,周囲で発生する火災や噴出火炎等による火熱にさらされた場合にも,一定程度の延焼を抑制可能である.ただし,庇やバルコニー,ドレンチャー等により,上階延焼が十分に

抑制できる場合や，周囲での火災のおそれがない場合には，遮炎性を付与する必要性は低い．火災区画の開口条件にもよるが，一般的にはスパンドレルだけで上階延焼を防止するには，十分な距離を確保する必要がある．

防火区画を構成する床の一部の開口部に設ける設備（水平シャッター等，図 3.15）に，床と同じ機能が期待される場合には床と同じ性能（非損傷性，遮熱性等）が必要となる．ただし，吹抜け等，通常は床としての機能を有しない開口部に設けられる場合には，鉛直に区画するシャッターで確保すべき性能である遮炎性が必要となる．

大開口となる場合には，また，防火区画を構成する屋根に設ける開口部に設けられる設備（天窓等）も，屋根と同様の屋内火災に対しては，遮炎性が必要となる．非歩行屋根の開口部のように明かり取りのみの用途に用いられ，上面を避難経路として活用や常時荷重等が想定されない場合は，遮炎性のみが要求されるが，火災時の歩行等が想定される場合には，非損傷性も必要となる．

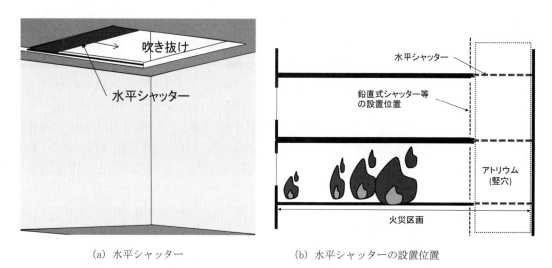

(a) 水平シャッター　　　　　　　(b) 水平シャッターの設置位置

図 3.15　水平シャッターの概要

f.　竪穴区画を構成する部材等

高層建築物のエレベーターシャフトのような竪穴空間は，火災安全上の区画とすることが必要である．特に竪穴空間内またはその空間を経由する火災を想定した場合，煙突効果による煙の拡散に注意すべきである．竪穴空間に隣接する室で火災が生じ，竪穴空間内に煙が伝播した場合，煙は煙突効果により上方へ伝播する．竪穴区画に隣接する火災区画であれば，煙突効果により建築物内に気流が生じたことにより，多量の新鮮空気が火災区画に流入し，通常の火災以上に火災区画内温度を上昇させる可能性がある．さらに竪穴空間内に近接する火災区画から火炎が侵入すれば，竪穴空間形状や燃焼に必要な空気の供給の制約等から，火炎が上方に伸長することになる．高層建築物の場合の低層階で火災が発生すると，竪穴空間の高層部分の圧力が高くなり，竪穴区画を構成する部材に十分な気密性がないと，容易に高層階に煙が拡散することになる．そのため，竪穴空間内の温度分布や火炎性状を推定し，竪穴区画を構成する建築部位の遮煙性等の耐火性能の評価についても検討する必要がある．

g.　区画貫通部

給排水管，電線ケーブル，空調ダクト等が防火区画を構成する部材を貫通する部分には，遮炎性を付与し，非加熱側への火炎・高温ガスの噴出を防止し，煙の漏洩を抑制し，区画貫通部が延焼防止の観点から弱点とならないようにする．また，区画の機能に応じて遮煙性を付与し，煙の漏洩を防止する．

防火区画を構成する部材と配管等の隙間にモルタルやロックウール等の不燃材料を充填する工法が一般的である（図 3.16）．不燃材を充填するとともに，耐火パテや加熱時に膨張する材料等を設置することもある [41]．火災時においては，可燃性の配管やケーブル類の被覆の焼失，溶融や脱落，充填材の溶融や脱落によって，非火災区画へ火炎等が貫通する場合が想定される．また，金属製の配管や電線管等では，火災区画からの伝熱によって非火災室の金属管の温度が上昇するため，放射熱や接触により周囲の可燃物に着火する危険性がある．これらについては，可燃物が設置される部分に設けない計画を基本とし，ロックウール等の無機系保温材材等を用いて断熱することや

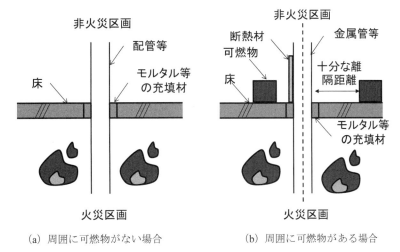

(a) 周囲に可燃物がない場合　　(b) 周囲に可燃物がある場合

図 3.16　防火区画構成部分の区画貫通部の配慮

周囲に可燃物がある場合には離隔距離を十分に確保して，可燃物が着火するのを防ぐ必要がある．

h.　層間ふさぎ

鉄筋コンクリート等の構造で床と外壁が連続して打設される場合には，ペリメーターゾーンにおいて，床と外壁の接合部分は一体化するため，床と外壁間が弱点部とはなりにくく，上階や下階への煙の伝播や延焼は生じにくい．しかし，鋼構造建築物のように，カーテンウォール工法等の外壁が柱や梁等の構造体に設けられた支持部材に取り付くと，床と外壁との間に隙間が生じることになる．この部分は，上下階への延焼に関して，火災安全上の区画として重要な部分であり，遮熱性，遮炎性のみならず，遮煙性についても確保する必要がある（図 3.17）[42)~44)]．

一般的には，モルタルやロックウール等の不燃材料を充填することになるが，風や地震等の外力による振動や変形により隙間が生じる可能性もあるため，変形追従性のある可撓性材料等を利用して性能を確保する必要がある．

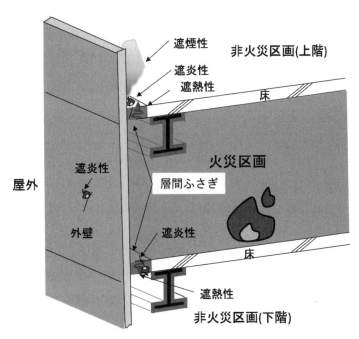

図 3.17　外壁と床の層間ふさぎ部分の必要性能

3.5　区画部材等の耐火性能の評価方法

　火災時に建築物の構造体が加熱されると，柱・梁，床等は熱膨張や剛性・耐力低下に伴い大きく変形する[45]．区画を構成する壁等の部材は，それ自体の熱変形だけではなく，周囲の構造体からの熱応力や強制的な変形を受けることがある．前節までに示した区画構成部材の耐火性能は，火災区画の条件等や構造体の変形等を考慮した上で，耐火炉等の試験装置や火災区画装置等を用いた加熱実験や理論計算等によって，所定の耐火性能が発揮されるかを検証する必要がある．

　ISO834-1～8に規定される区画構成部材の試験方法は，部材端部の拘束条件・支持条件等を理想化した単純な試験体を用い，標準火災加熱に対する耐火性能を把握するために用いられており，部材の拘束条件が試験時と変わらない場合には，耐火試験結果を活用することができる．一般には，構造体の耐火時間が区画部材の耐火時間より一定程度，長い場合に適用が可能である．これは，構造体は崩壊直前に変形が急速に増大する傾向があり，通常採用される区画部材は，その変形には耐えられない可能性が高いためである．しかし，特殊な構造形式や火災外力には適用できない場合があることにも注意が必要である．特に，設計外力が標準加熱の温度を著しく上回り，防火被覆材料の耐熱温度(融点，熱分解温度等)等を超える場合や，構造体の変形が区画構成部材の変形追従性能を超えて著しく大きくなる場合(図3.18)には，実験的に耐火試験の結果を拡張することの妥当性を確認する必要がある．そのような場合には，構造体の変形量や設計における火災外力を考慮した上で，実験的に区画部材の耐火性能を検証することとする．また，区画構成部材の数値計算モデルや理論モデルによって耐火性能を評価する場合には，工法等に応じて，実験的な耐火性能の検証が必要である．

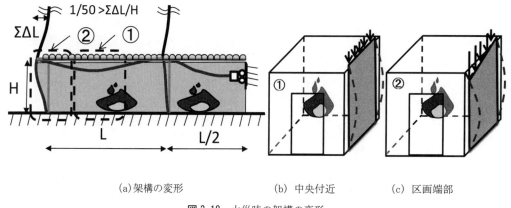

(a) 架構の変形　　　　(b) 中央付近　　(c) 区画端部

図3.18　火災時の架構の変形

参考文献

1) 建築基準法，建築基準法施行令，建築基準法関係告示
2) 消防法，消防法施行令，消防法施行規則
3) 2001版 避難安全検証法の解説および計算例とその解説,,井上書院，2001
4) 2001版 避難安全検証法の解説および計算例とその解説,,井上書院，2001
5) 官庁施設の基本的性能基準，国営整第156号
6) ISO834-1, Fire-resistance tests - Elements of building construction - Part 1:Genaral Requirements, 1999
7) ISO/TR834-3, Fire-resistance tests - Elements of building construction - Part 3:Commentary on test method and test data application, 1994
8) ISO834-4, Fire-resistance tests - Elements of building construction - Part 4: Specific requirements for loadbearing vertical separating elements, 2000
9) ISO/TR834-5, Fire-resistance tests - Elements of building construction - Part 5: Specific requirements for loadbearing horizontal separating elements, 2000
10) ISO/TR834-8, Fire-resistance tests - Elements of building construction - Part 8: Specific requirements for non-loadbearing vertical separating elements, 2002
11) ISO5925-1:2007 Fite tests –Smoke-control door and shutter assemblies part1 Ambient-and medium-temperature leakage tests.

12) ISO5925-2:2006 Fite tests –Smoke-control door and shutter assemblies part2 Commentary on test method and the applicability of test conditions and the use of test data in a smoke containment strategy
13) ISO 3008:2007 Fire-resistance tests -- Door and shutter assemblies
14) ISO 3008-2:2014 Fire resistance tests Part 2 Lift landing door and assemblies
15) ISO 3009:2003 Fire-resistance tests -- Elements of building construction -- Glazed elements
16) ISO 5925-1:2007 Fire tests -- Smoke-control door and shutter assemblies
17) ISO 6944-1:2008 Fire containment -- Elements of building construction
18) ISO 10294-1:1996/Amd 1:2014: Fire resistance tests -- Fire dampers for air distribution systems
19) ISO 10295-1:2007 Fire tests for building elements and components -- Fire testing of service installations
20) ISO 12472:2003 Fire resistance of timber door assemblies
21) 日本建築学会：建築物の火災安全設計指針, 2002
22) 日本建築学会：建築物の煙制御計画指針, 2014
23) 国土開発技術研究センター：建築物の総合防火設計法第 1～4 巻, 1989
24) 加圧防排煙設計マニュアル, 加圧防排煙設計マニュアル編集委員会, 2011
25) 日本建築学会：建築物の火災荷重および設計火災性状指針,2013
26) 日本建築学会：鋼構造耐火設計指針, 2008
27) 関根 孝：コンクリート造建物の室内火災温度の推定：その 1・熱収支式と温度上昇曲線, 日本建築学会論文報告集, No.85, pp.38-43, 1963.5
28) 川越邦雄, 関根 孝：コンクリート造建物の室内火災温度の推定：その 2・火災温度曲線とその応用, 日本建築学会論文報告集, No.86, pp.40-47, 1963.6
29) Ingberg, S.H. ,Fire Tests of Brick Walls, United States Department of Commerce, National Bureau of Standards, Building Material and Structures Report 143, 1954
30) ISO/NP TR 19856: Guide for risk assessment of fire and smoke control door and window assemblies
31) BS8524-2:2013 Active fire curtain barrier assemblies – Part 2: Code of practice for application,installation and maintenance,
32) 萩原一郎：火災リスク評価に基づく性能的火災安全設計法の開発－防火基準の現在・過去・未来－平成 21 年度:建築研究所講演会 講演会テキスト
33) MCGUIRE et al., Factors in controlling smoke in high buildings, Technical Paper No. 341, Division of Building Research, NRC, Ottawa, Canada, 1971
34) ISO/AWI TR 12470-1Fire-resistance tests -- Guidance on the application and extension of results
35) 田中俊六ほか：最新建築環境工学 改訂 3 版, p.52, 2006.3
36) 東京消防庁安全研究所：高温・高湿度環境下における身体暴露に関する研究, 消防科学研究所報, 31 号, pp.131-136, 1994
37) 長谷見雄二，重川希志依：火災時における人間の耐放射限界について，日本火災学会論文集，Vol.31, No.1, pp.7-14, 1981
38) 日本建築学会：防火材料パンフレット, p.81, 1993.9
39) 仁井大策：第 7 回 SFPE 性能基準と火災安全設計法に関する国際会議報告，火災，58 巻 4 号 通巻 295 号，pp.46-49, 2008.8
40) 吉岡英樹, 尾崎泰治, 西尾悠平, 田村政道, 吉田正志, 野口貴文, 兼松学, 安藤達夫, 小浦孝次, 富松太基, 可燃性外装の燃え拡がり性状に関するファサード型火災実験, 日本建築学会技術報告集, Vol.19, No.42, pp. 595-600, 2013.6
41) 大和征良ほか:片面強化石膏ボード重張壁におけるケーブル配線の防火区画貫通部防火措置工法の研究(1),日本建築学会大会学術講演梗概集（九州）,pp.35-36,2007.8
42) Kenichi Ikeda: Fire Resistive Design for Preventing Upward Fire Spread, Journal of Disaster Research, Vol.6, No.6, 2011
43) NEWS LETTER「区画防火の重要性と施工管理上の諸問題－区画防火と外壁の上階延焼防止のあり方－,東京理科大学 第 2 回 G-COE 教育セミナー2012.9
44) 大和征良，江口純子，池田憲一，大宮喜文，菅原進一：カーテンウォール層間ふさぎ防火措置に関する実験的研究(1), 日本建築学会大会学術講演梗概集（近畿）,pp.379-380,2014.9
45) BRE：The Integrity of Compartmentation in Buildings During a Fire, BRE, 2005

コラム　耐火性能と区画

　耐火設計は，通常の構造設計と同様に，外乱に対してあらかじめ設定した性能を担保することを目標として行われる．この「外乱」は，設計行為では「外力」として定義されて定量化される．外力の設定を誤ると，設計行為自体が意味のないものとなってしまう．

　耐火設計の火災外力は，通常，フラッシュオーバー以降の区画火災を想定している．この防火区画内の火災規模は，区画内の可燃物量と区画の燃焼特性で概ね決定される．また，火災は放火等の場合を除き出火点は一つであり，通常は一つの防火区画で終了する．よって，火災の熱によって直接影響を受ける部分は一つの防火区画であることが期待され，防火区画内の火災を外力として構造安定性を検討することになる．ここで，防火区画の延焼防止性能が脆弱で火災が区画を超えて延焼する場合は，その延焼順序と範囲を設定しなければならなくなり，その検討ケースはねずみ算式に増えてしまい，防火区画の数が多い場合は設計が困難になってしまう．したがって，区画の保持は，耐火設計において最も重要な条件である．

　防火区画の区画性能は，区画部材自体の遮熱性能や遮炎性能と区画部材を支持する構造部材の耐火性能によって決定される．区画部材の耐火性能は，遮熱性等の条件を満足するように法規によって規定されている．また，構造部材の耐火性能も一定の非損傷性を満足するように法規によって規定されている．

　しかしながら，これらの部材の接続部については，法による明確な規定がない場合が多い．

　特に，層間区画を形成する部分が脆弱である場合は，極めて容易に上階に延焼するため，各層ごとに同じ仕様を繰り返す高層建物では特別な配慮が必要となってくる．また，法規による規定はあくまでも一定条件での性能を評価しているにすぎず，全ての火災に対してその性能を担保しているわけではないことを設計者は理解しておく必要がある．

　防火区画の面積を小さくしてその性能を確実に担保することで，たとえ詳細な防火上の知識が不足していても，火災によるさまざまな損害を小さくすることができる．防火区画設計は防火設計の原則である．

　火災は日常的な災害ではないことから，発生してはじめて事の重大性に気づく災害である．

　日本ではまだ建物の崩壊に至る大規模な火災事故は発生していないが，海外の先進国での火災例を参照することで，その危険性は十分に理解することができるはずである．

　現在の防火技術は，いまだ個別建物の火災の進展を予測できるまでには至っていない．わからないものに対しては，それ相応の安全率を付与して設計するという設計の原則に従って，火災の進展が確実に予測されない場合は，防火区画は，技術が制御できる大きさに設定しなければならない．

4章　区画部材の施工

4.1　区画部材の施工監理の方針

　計画および設計の段階で，いかに十分な検討がなされた防火区画であっても，施工者にその意図が正確に伝えられ実施されないと防火区画本来の性能は保証されない．したがって，その施工監理にあたっては，設計図書をよく吟味し，区画部材本体はもちろん，各部材間の取合い，開口部周辺の納まり，ダクトをはじめとする設備関連部材の区画貫通部の措置等について，施工可能な納まりになっているか事前に施工図を製作して検討をする．

　また，施工時において誰が責任をもって良否を確認するかを明示し，天井裏など後日点検しにくい場所などは，写真に記録しておくようにする．

　従来，区画の施工においては，どの部位が防火区画の対象となるのか，要求されている性能はどのクラスのものか，また，その性能を確保するためには部材間の取合いや区画を貫通する諸部材の納まりはどのようにしなければならないかといった情報が，施工を担当する技術者，さらには実際に作業をする者に十分認識されることなく行われる例が多く見受けられた．

　その結果，防火区画本来の性能を保障しがたい施工が行われ，火災が防火区画の内に閉じ込められることなく延焼する事例も生じていた．こうした問題を解決するため防火区画の施工にあたっては，事前に施工図を含む施工要領書を作成するとともに，誰が工事を監理し，記録の保管はどうするかといったことを明確にして工事を進める必要がある．施工要領書の内容としては，次のようなものが参考として掲げられる．

・防火区画の種類と位置を明示した平面図
・区画部材の一般仕様書(性能を含む)
・区画部材取合部の納まり図(承認を含む)
・区画貫通部の防火措置詳細図(承認を含む)
・工事日程および施工手順書
・管理項目とチェックの年月日
・補修を要する場合の処置方法
・管理者および図書の保管方法

　表 4.1 はチェックシートの一例である．チェックシートには，区画を構成する建築材料等に異常があった場合は状況を細かく記載し，補修や改修が必要な場合はその旨も記載する．

表 4.1 防火区画チェックシート(例)

	部屋番号	場所名	チェック年月日	チェック部分						確認者	備考
				天井	壁	床	開口部	貫通部	その他		
竪穴区画部分		ダクトスペース									
		電気パイプスペース									
		エレベーターシャフト(A)									
		〃 (B)									
		階段室									
面積区画部分		事務室(A)									
		事務室(B)									
		便所									
		前室									
		廊下									
層間区画部分		事務室(A)南									
		〃 (A)東									
		事務室(B)南									
		〃 (B)西									

4.2 間仕切壁(内壁)

4.2.1 乾式系間仕切壁の留意点

(取合部・目地部)

a. 通常，耐火間仕切壁の耐火性能試験は，ボードの重ね部，目地などの弱点部を含んだ形で試験がなされ，耐火性能の検証が行われている．そのため，部材としての耐火性能は確保されている．しかしながら，防火区画は壁や床などとの組合せによって構成され初めて区画としての性能が確保される．このため，各部材の取合い部の処置が重要となる．火災事例によく見られる防火区画の欠陥は，取合い部で生じている．壁の取合い部としては床，梁，柱などが考えられるが，壁の種類さらには床，梁，柱などの種類によっても納まりに差異が生じるため，工事ごとに施工図を作る必要がある．特に，避難区画に係る壁にあっては，耐火性能のみでなく防煙性についても十分検討しておく必要がある．

b. 超高層建築などで層間変位を考慮しなければならない柱や梁との取合い部には，図4.1に示すように変形に追随できる耐熱，防煙性の高い断熱材やシール材を採用する．グラスウールは低温で比較的容易に溶融し，著しく体積を縮小するので用いないようにする．

c. 区画壁と梁または柱の取合いについては，耐火性能を確実に担保するために，図4.2に示す梁，柱の被覆をまず優先して完結する必要がある．次に，あらかじめ梁等に溶接された留付用ピース等にランナー等を取り付けてから下部に壁を取り付け，この部分に隙間がないように施工しなければならない．

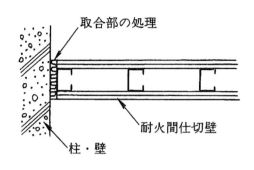
図 4.1 耐火間仕切り壁と柱，間仕切壁，外壁との取合い

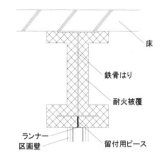
図 4.2 区画壁と梁の取合い

d. 梁と直交する区画壁の取合い部分は，図 4.3 に示す梁部材と H 鋼のウェブ面と壁の交差部に隙間が生じる．この空間部分の特性から遮熱性および遮炎性が担保されればよいと考えられる．例として梁にリブ鉄板を取り付けて，その両面に梁の被覆厚さ程度の被覆を施工することで遮炎性は担保できる．なお，梁の被覆材と壁との間は不燃材等でふさぐ等の処置を取り，この部分を介した煙の漏洩を防ぐ配慮が必要である．また，準耐火建築物(ロ準耐)の無被覆鉄骨梁が区画壁を貫通する場合は，遮熱性を担保するために区画貫通部と同等のモルタル等による埋戻し処理が必要である．ただし，防火区画壁の直上に壁と平行して鉄骨梁が取り付き，面的な広がりがあり，壁と同程度の遮熱性が必要である場合は，梁に被覆が必要である．

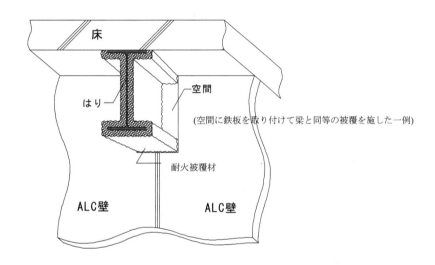
図 4.3 梁と直交する区画壁の取合い例

e. 目地部の性能は 4.2.1. a で記した内容を厳守すれば耐火性能は保証される．したがって，目地部の施工においては接着材量，目地形状，目地幅，シール材量等が施工要領書どおりに実施されるように監理を徹底する．

(ボード貼付け)

f. 乾式系の材料を用いた壁においては，下地材の寸法や間隔，乾式ボードの組合せ，乾式ボードの縦張り，横張りの方向性，留付間隔等を確認し施工する必要がある．

なお，施工にあたり，国土交通省の大臣認定を受けたものについては認定番号を確認し，認定内容の施工要領および条件を守る必要がある．

4.2.2 湿式系間仕切壁の留意点

湿式系の材料を用いた壁においては，その材料の乾燥収縮量，伸び能力，下地の拘束変形等によって亀裂の発生が見られるものがある．特に開口部に接する部分に関しては，施工時の通風条件が一般部と異なるため，十分に注

意する．

　乾燥収縮等により火災を受ける前より亀裂が発生している壁については，火災に際して耐火性能上の欠陥になりやすいので日常的に管理を実施して亀裂等を確認することとし，確認された際には補修などの処置をすみやかに施しておく必要がある．

4.3　外　　　壁

　カーテンウォール工事については，「建築工事標準仕様書・同解説　JASS14　カーテンウォール工事」，国土交通省住宅局建築指導課通達第619号（平成20年5月9日）（以下，「国住指第619号」という）カーテンウォールの構造方法について（技術的助言）の通達が出されているので，参考にするとよい．

4.3.1　取合い部

a.　外壁の施工においては風・雨に対する配慮は必要なものの，耐火性能に関しては間仕切壁と基本的な変わりはない．ただ，開口部との取合いが多いので，この点の検討が必要である．窓と壁との取合い部に多量の発泡ウレタンを使用するような仕様は，考慮を要する．

b.　オープンジョイント型式の目地はもちろん，カーテンウォール相互の取合い部は，防水性能のみでなく，耐火性能についても層間変位に十分追随し，耐火性能が保証される納まりとする．

4.3.2　カーテンウォール

a.　断熱材の脱落防止

　アルミニウム板を外側にし，内側にロックウール等の断熱材を用いたカーテンウォールは，火災時においてアルミニウムが溶融（約600℃）し，断熱材が脱落する危険性があるので，被覆する下地は，火災時に溶融するおそれがなく，断熱材が自立できるように鉄材（メタルラス・鉄鋼・鉄筋等）を躯体等に取り付けて補強する必要がある．

b.　層間ふさぎ

　カーテンウォール型式の外壁にあっては，層間ふさぎとして厚さ1.6mm上の鋼板の上に厚さ50mm上のモルタル，コンクリートまたはロックウールで覆ったものが国住指第619号にて運用方法が示されている．

c.　ファスナー

　カーテンウォールは，ファスナーによって吊り下げられている．構造的に重要な部分であるので，熱から守る必要がある．下階および当該階において火災が発生した場合に，ファスナーがどの程度火災の影響を受けるかを検討し，被覆をすべきかどうか決める必要がある．影響の度合いについては，ファスナー部を含んだ加熱実験等により確認するのがよい．なお，外壁に付属するファスナーは，国土交通大臣認定の性能評価試験時に無被覆仕様であれば，無被覆も可である．

4.3.3　スパンドレル

　スパンドレル部の役割は，内部火災の上階への延焼を防止することである．国住指第619号には，防火区画に接するスパンドレルの保護材料は，火災時において容易に破損，脱落が生じることがないように求めている．したがって，火災時に溶融するおそれのない躯体等の部分に固定された鉄材による下地を設けて，被覆する仕様が妥当である．このような措置により，スパンドレルの防火上の機能である上階延焼抑制が達成できる．

　また，900mm梁せいがあり，梁位置が外壁線と一致しているのであれば，スパンドレルと同等の効果があると考えられる．

4.4 床

a. 接合部

　構造形式が何であれ，部材の接合部は，一般に構造耐力上のみでなく，耐火上でも欠陥となりやすい．したがって，施工が確実にできるだけの空間(治具が取り付けられ操作可能な空間，コンクリートやモルタル・各種シール材等の充填可能な間隔)を確保し，施工性についてよく検討する必要がある．

b. プレキャストコンクリート版

　工場で製造したプレキャストコンクリート版等を敷き込む場合，その端のかかり代は規定の寸法を必ずとり，アンカー筋の定着長さ，モルタルの充填，取付金具の設置等，施工要領書に記された仕様どおりに誤りなく施工しなければならない．特に，かかり代の寸法決定にあたっては，配筋の位置，かぶり厚さの寸法等を十分考慮する必要がある．また，版相互間に目地部があり，この部分が断熱性・防煙性に劣るのみだけでなく，漏水につながるおそれもあるので，確実なシールをするように注意しなければならない(図 4.4，4.5 参照)．

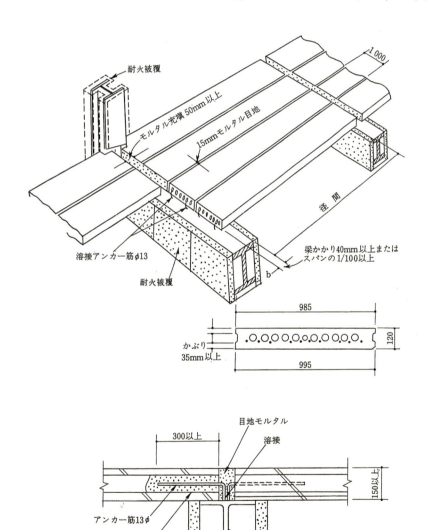

図 4.4　穴あき PC 版の端部納まり例(単位：mm)

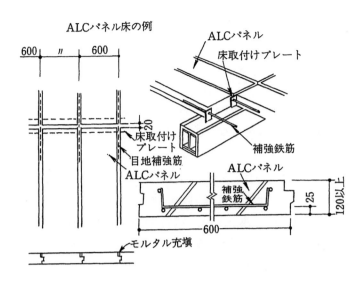

図 4.5 ALC パネルの床納まり（単位：mm）

c. RC 構造

RC 造の床は，平成 12 年建設省告示 1399 号で厚さ 7cm 以上で 1 時間，10cm 以上あれば 2 時間耐火の仕様規定があるが，この厚さは床全体が継目なく一体化されていることが前提となっている．

d. プレストレストコンクリート構造

プレストレストコンクリート構造に採用されるコンクリートは，セメント量も多く，密実で高強度のものが一般である．こうしたコンクリートは火災時に爆裂を生じやすい．特に，人工軽量骨材の一部にこの傾向が強いものがある．また，鋼材に導入した緊張力が加熱によってゆるむおそれがあるので，鋼材のかぶり厚さには十分な配慮が必要である．

e. 鋼板構造

鋼板構造の施工にあたっては，特別なものを除いて耐火被覆を施さなければならない．吹付け施工等の耐火被覆材は一般に吸湿しやすいため，室内空気の温湿度によっては発錆を促進し，また，永年の振動等によって剥落するケースもある．このため，鋼板面の防錆対策や耐火被覆材の剥落防止対策を事前に決定しておく必要がある．

f. 塗付け・吹付け施工

塗付けや吹付け施工によって各種モルタルや耐火被覆を施工する場合，素材の配合を間違えないようにする以外に，真夏の高温や高所での風速等によって表面が急速に乾燥したり硬化中に振動を与え，亀裂や剥落を助長することのないよう，他工事との打合せを十分に行うことが必要である．

g. デッキプレート

デッキプレートのような溝状の鋼板を採用する場合，図 4.6 に示すように溝の方向と直行する梁との間に生じる空隙には，火炎が浸入しないように耐火被覆材を充填する．この際，所定の厚さと比重に留意し，空隙が大きい場合は，確実な施工ができるよう受下地を考慮する．

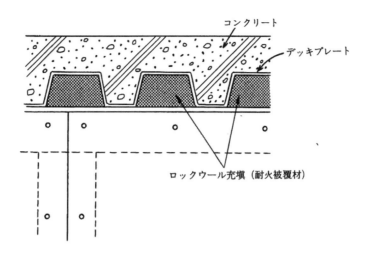

図 4.6 デッキプレートとの取合い(溝と直交の場合)

h. 合成スラブ

図 4.7 に示すような鋼板と RC と組み合わせた複合構造にあっては，配筋の位置が片寄ると耐力筋の温度が許容値以上になり，たわみが大きくなるおそれがある．このため，配筋にあたっては，位置とかぶり厚さが規定どおり確保されていることをチェックする必要がある．

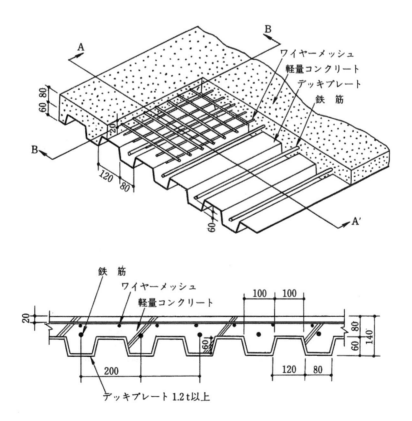

図 4.7 合成スラブにおける配筋の位置(単位：mm)

I. 埋戻し

建築物の隅に設けられる墨出し用の穴などは，その役目が終了した段階で忘れないようにコンクリートまたはモルタルで確実に埋め戻す．この際，火災時に脱落しないよう下向きに傾斜を設けるか，配筋するなど，その穴の大きさに応じた処理をする．

j. OA フロアー（二重床）の布設

耐火構造の床上に OA フロアー（二重床）を布設する際，防火区画の耐火間仕切壁を跨ぐ場合は，図 4.8 に示すように，耐火間仕切壁を優先施工し，OA フロアーが耐火間仕切壁を横切らないようにする．

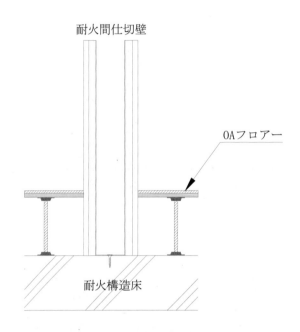

図 4.8　OA フロアーと耐火間仕切壁の取合い

4.5　屋　　　根

屋根の耐火性能は，建築基準法施行令第 107 条では 30 分耐火でよいとされているが，低層の住宅や倉庫・工場を除き一般の中層以上の建物にあっては，火災時において一時避難や消火活動に屋上が利用されるケースが多い．また，日常的に人が使用し，物が置かれることを目的として設計された建築物では，一般の床と同じ遮熱性・遮炎性・非損傷性を含めた耐火性能が要求される．したがって，防水や断熱だけでなく，飛び火による延焼や下階からの延焼について考慮した仕上げとする必要がある．参考として，東京都建築安全条例においては，百貨店等の屋上広場の床は，遮熱等を考慮し 1 時間以上の耐火性能が要求されている．

飛び火については，建築基準法第 22 条第 1 項の屋根における防火，準防火地域外の市街地の建物は，平成 12 年建設省告示第 1361 号に定められた構造方法，建築基準法第 63 条の屋根における防火，準防火地域内の建物は，平成 12 年建設省告示第 1365 号に定められた構造方法またはそれぞれ国土交通大臣認定を受けたものを用いなければならない．施工にあたり国土交通省の大臣認定を受けたものについては，認定番号を確認し，認定内容の施工要領および条件を守る必要がある．

4.6 区画開口部(防火設備)

4.6.1 防火設備(扉,窓等)

　防火設備の取付けは,差筋・ボルトアンカー等に強固に溶接し,溶接部には工法に応じて防錆処理を行う.ネジ止め仕様とする場合も強固に固定する.溶接壁本体との間隙に充填するモルタルは枠組の形状によっては,一度に充填できない納まり(例えば沓摺・皿板等の下枠の裏面)も生じるので,施工手順を事前に検討する必要がある(図4.9, 4.10参照).

　開口部といえども,本来の機能を損なわず,遮熱性,遮炎性,非損傷性の耐火性能を満たすことは,現状では難しい.このため,窓・出入口等は,すべて特定防火設備(60分),防火設備(20分)といった一般の耐火壁より性能を緩和した規準で代替されている.したがって,開口部材に接する部材は,このことを考慮して告示仕様または国土交通省の大臣認定を受けたものを使用するように配慮する.なお,施工にあたり,国土交通省の大臣認定を受けたものについては認定番号を確認し,認定内容の施工要領および条件を守る必要がある.

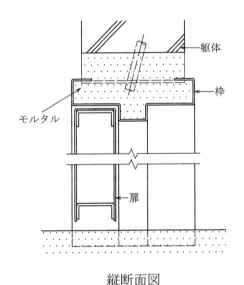

図4.9　防火戸の納まり例

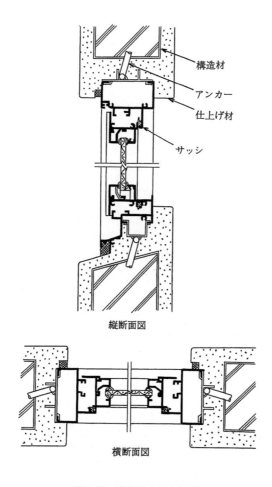

図 4.10　防火窓の納まり例

4.6.2　防火設備（防火シャッター・防煙シャッター）

告示仕様の防火シャッターは，JIS A 4705「重量シャッター構成部材」により，構成部品に関して品質，機能，材質，寸法等が細かく規定されている．防火上の措置については，座板にアルミニウムを用いる場合には鋼板で覆うなどの規定，強度上重要な部材の現場施工におけるアンカーボルト等の固定ピッチおよび断面積等が規定されている．また，熱または煙感知機連動シャッターの開閉誤作動により人が挟まれる事故等を受け，障害物感知装置に関しても規定されている．なお，本規格に関連する遮炎性および遮煙性に関する法規は，以下のとおりである．

a. 遮煙性

防煙シャッターの遮煙性に関しては，昭和 48 年建設省告示第 2564 号別記に記されており，建築基準法施行令によって定められた試験結果が圧力差 19.6Pa のときの通気量が $0.2 m^3/min.m^2$ 以下とされている．

b. 遮炎性

屋内用防火シャッターおよび防煙シャッターの遮炎性に関しては，鋼板の厚さが 0.8mm 以上 1.5mm 未満の場合，建物周囲または建物内部からの通常の火災に対して 20 分の遮炎性能を持つことが平成 12 年建設省告示第 1360 号に，鋼板の厚さが 1.5mm 以上の場合，建物周囲または建物内部からの通常の火災に対して 60 分の遮炎性を持つことが平成 12 年建設省告示第 1369 号にそれぞれ記されている．なお，遮炎性とは当該時間において，火災室以外の面に火炎を出さないものであることである．

(1)　軸受部

JIS A 4705「重量シャッター構成部材」に記載されている軸受部のアンカーボルトの断面積は，表 4.2 のとおりと

する．

(2) ガイドレールおよびまぐさ

JIS A 4705「重量シャッター構成部材」に記載されているアンカーボルトまたは棒鋼の固定ピッチおよび断面積は，表4.3のとおりとする．図4.11は防火シャッターの納まり例である．

表4.2 軸受部のアンカーボルトの断面積

片側の軸受部にかかる重量(N)	片側のボルト総断面積(mm^2)
2000 以下	100 以上
2000 を超え 3000 以下	150 以上
3000 を超え 4000 以下	200 以上
4000 を超え 6000 以下	300 以上
6000 を超え 10000 以下	350 以上

表4.3 アンカーボルト・棒鋼の固定ピッチおよび断面積

部材厚さ(mm)	ピッチ(mm)	断面積(mm^2)
1.5mm 以上	600 以下	63 以上
1.2mm 以上 1.5mm 未満	600 以下	50 以上

［注］部材厚さはスラット，座板，ケースおよびガイドレールに使用する鋼板厚さを示す

なお，施工にあたり，国土交通省の大臣認定を受けたものについては認定番号を確認し，認定内容の施工要領および条件を守る必要がある．ガイドレールが適切に取り付けられておらず，さらに防火シャッターの寸法に合わせてたれ壁を削ってしまった不適切な施工例を写真4.1に，シャッターケースが適切に取り付けられていない施工例を写真4.2に示す．

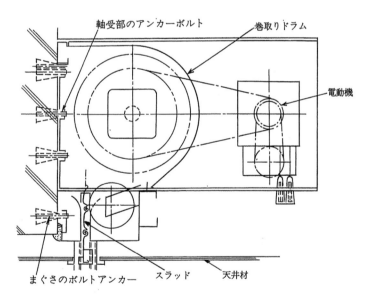

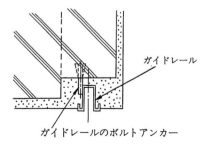

図4.11 防火シャッターの納まり例

写真 4.1 防火シャッターの不適切な納まり例

(ガイドレールが取り付けられておらず,さらに防火シャッターの寸法に合わせてたれ壁を削ってしまった例)

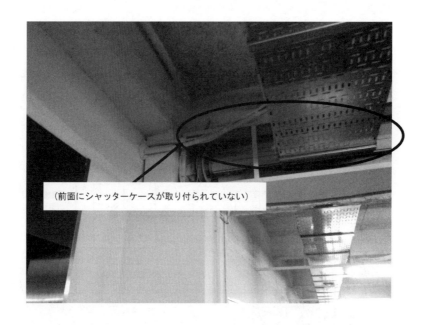

(前面にシャッターケースが取り付けられていない)

写真 4.2 シャッターケースが適切に取り付けられていない例

4.6.3 取合い部

　開口部と梁または柱の取合いについては,一例として梁下に防火シャッターを取り付けた際に,梁下とシャッターケースの間に隙間が生じた場合は,梁の被覆を完結した上で,少なくとも厚さ 1.5mm 以上の鉄板,耐火間仕切壁等で隙間をふさぐ必要がある.シャッターケースが梁下より上にある場合は,梁の被覆を完結した上で,少なくとも厚さ 1.5mm 以上の鉄板,耐火間仕切壁等で水平面の隙間をふさぐ必要がある.

4.7 区画貫通部

4.7.1 ダクト・防火ダンパー

a. ダクト

ダクトは，防火区画を貫通する設備系諸器のうち最も断面積が大きいだけに，防火区画そのものの性能に及ぼす影響もまた大きい．このため，ダクト本体が有害な変形を生じないよう考慮する．また，ダクトと防火区画本体との空隙を埋める材料は，単なる不燃材料ではなく，耐熱性と防煙性に優れたものでなければならない．このため，告示に定められた不燃材料等を用いて空隙を完全に充填する．グラスウールは比較的低い温度で溶融し体積が減少するので，使用しないようにする．また，モルタルを使用する場合は，硬化時の収縮や亀裂の発生に対し添加剤等で対応する必要がある．

b. 防火ダンパー

防火区画を貫通するダクトは，国土交通大臣が防火上支障がないと認めて指定する場合の一部を除き，建築基準法施行令第112条第16項で防火ダンパーを設けることが定められている．防火ダンパーは，告示仕様または国土交通省の大臣認定を受けたものでなければならないので，その確認をしておく必要がある．また，取り付ける位置が適切でないと使用にあたって役に立たないので，設計図書をうのみにすることなく容易に作動状態が点検できるか，温度ヒューズ等の取替えが可能か，位置関係，スペースの広さ等を工事前に確認しておく必要がある．

c. 消火活動拠点に設けるダクトおよび防火ダンパー

消防法に定められる排煙設備のダクトのうち，特別避難階段の付室，非常用エレベーターの乗降ロビーなど消防隊の消火活動の拠点となる場所に設ける排煙口または給気口に接続するダクトには，自動閉鎖装置を設けたダンパーの設置は禁じられていることに注意する必要がある．

d. 電源室等のダクト

火災などの非常時に稼働させる電源室等に外気を取り込むダクトは，所定の時間機能を維持することができるようダクト本体を耐火被覆する必要がある．

4.7.2 給排水管・衛生器具

a. 埋戻し

防火区画を貫通する管類の周辺は，モルタルその他の不燃材料で埋めるよう建築基準法施行令第112条第15項で規定されている．ただし，床のような水平面等において，溶融のおそれのあるグラスウールや硬化時の収縮が大きいセメントリッチなモルタル等の充填材で埋め戻すと，火災時に漏煙はもとより，充填材が脱落してしまうおそれがある．このため，脱落防止用の金網を併用したりして，一般の防火区画部材に劣らない耐火性能を確保しなければならない．

b. 配管の支持

耐火性能に優れた管類であっても管本体が脱落することがあっては，その性能を発することができない．特に，合成樹脂管は区画貫通部近傍で支持力が低下し，継手部分の接着力の喪失と重なり管全体が脱落するとか，外れるとかいった事態を招くおそれがある．こうした事態になると有害な煙が多量に上階や隣室に噴出し避難や消防活動に支障をきたすので，躯体近くの配管の支持はなおざりにできない．

c. 金属管

金属管は温度伝導率が良いため，排水管や通気管のように管内に水が充満していない場合，管表面の温度が高くなり，これに接する可燃物に延焼するおそれがある．このため，水が満たされていない管にあっては，図4.12[1)]に示すように，金属管の表面に延焼防止のための不燃材料等の断熱材を巻き付ける．

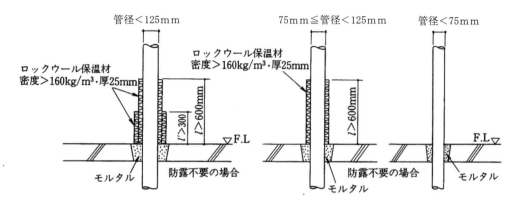

図 4.12　金属系(鋼・鋳鉄・ステンレス・銅)排水管等 [1]

d.　塩化ビニル管

　　現在，無機材被覆塩化ビニル管として採用できるのは，告示仕様または国土交通省の大臣認定を受けたものに限定されるが，火災時には管内に熱気流が生じ，内管である塩化ビニル管が軟化したり，燃焼したりして接続部分がはずれやすくなる．このため，金具を取り付ける等の細かい配慮が必要である．平成12年建設省告示第1422号に従って塩化ビニル管の表面に0.5mm以上の鉄板を巻く仕様を採用した場合，その継目から漏煙をどう防ぐかが問題となる．このため5cm以上の重ねをとり，耐熱シール材を狭み隙間を生じないようにする．

e.　便器

　　和風大便器は高温下で焼成された製品ではあるが形状が複雑で，かつ封水などもあることから火災に遭うといとも容易に割れを生じる．このため，下階が火災室になるおそれがある場合は，金網を併用したロックウールマット等で脱落しないよう被覆する必要がある．なお，施工にあたり，国土交通省の大臣認定を受けたものについては，認定番号を確認し，認定内容の施工要領および条件を守る必要がある．洋風便器の場合，特に問題となる点はないが接続部の塩化ビニルやネオプレン材が軟化し外れることのないよう，金属バンドでしっかり固定する必要がある．

4.7.3　配電管・ケーブル

　　ケーブルが防火区画を貫通する部分の防火措置工法としては，金属等の不燃材料で造られたパイプまたはダクトの中に電線等を入れるものとケーブル等を露出したままの状態で行うものとに大別される．このうち前者の場合は，建築基準法施行令第129条の2の5第1項第7号イによって，貫通部分からそれぞれ両側1m以内が不燃材料で造られたケースの中にケーブル類が納められれば，法的には一応は良しとされている．したがって，前記4.7.1，4.7.2項に記述する鉄板製空調ダクトおよび金属管を用いた水が満たされていない管の防火区画貫通部措置に準じた施工を行えばよい．ただし，両者とも端部は，煙が漏れないよう，ロックウール等の不燃材料を充填する必要がある．

　　また，アルミニウム等の導体を絶縁体で被覆または矩形状のケースに納めたバスダクト内についても，充填するロックウールは，延焼防止とともに漏煙防止の役割も期待している．このため，一定以上の充填密度を確保しないと防火区画としての性能を保証することができない．したがって，1か所あたりのロックウール等の所要量を事前に計量しておき，充填密度の品質管理を行う．

　　ケーブル類を露出したまま防火区画を貫通させる防火措置工法(通線後延焼防止塗料を塗布する工法も含む)については，建築基準法等に示されていない．したがって，国土交通省の大臣認定を受けた工法で施工することとなるが，これらの工法は個別の認定であり，さまざまな納まりのものがあるので，施工にあたっては，認定の施工条件等を確認しておく必要がある．

　　以上は，防火区画を直接貫通する場合であって，建築基準法施行令第129条の2の5第1項第7号に「これらの管の構造は，次のイからハまでのいずれかに適合するものとすること．ただし，建築基準法施行令第129条の2の

3 第1項第1号ロに掲げる基準に適合する準耐火構造の床若しくは壁または特定防火設備で建築物の他の部分と区画されたパイプシャフト・パイプダクトその他これらに類するものの中にある部分についてはこの限りでない」と記されている．したがって，竪穴区画された EPS（電力シャフト）内の床を貫通する場合は，法的には認定工法である必要はない．しかし，EPS 内の火災例に見られるように垂直方向のケーブルの燃焼速度は早く，また煙の発生も多いので，竪穴区画内といえども1時間耐火程度の防火措置を各階ごとに施すことが望ましい．

4.7.4 阻集器（グリーストラップ）

阻集器（グリーストラップ）と防火区画の床との空隙を埋める材料は，単なる不燃材料ではなく断熱性と防煙性を兼ね備えたものでなければならない．火災時の充填物の落下による火災拡大等が起こらないよう，配慮する必要がある．モルタルを使用する場合は，硬化時の収縮や亀裂の発生に対して混和材等で対処する必要がある．このため，工場生産したものが望ましい．

水槽外表面にロックウール・繊維混入けい酸カルシウム板等を用いることが多く，耐火上弱点となる継目の処理は十分配慮する必要がある．水槽と排水管との双方に施す耐火被覆材料は異なることが多く，異種材料の継目には十分注意する．

なお，施工にあたり，国土交通省の大臣認定を受けたものについては認定番号を確認し，認定内容の施工要領および条件を守る必要がある．

4.7.5 エキスパンションジョイント

エキスパンションジョイントは，相対変位に追従可能な接合部として構造物相互を緊結せずに接合する伸縮継手である．耐火性能に関しては現状では建築基準法に明確な基準は示されず，1985年（昭和60年）当時，日本建築センターにおいて，遮熱性，遮炎性を有した工法として評定されていた．しかし2000年（平成12年）の建築基準法改正に伴い，現在エキスパンションジョイントは，部材としては大臣認定がなされていないのが実情である．

エキスパンションジョイント部は可動部であり，その部分に可燃物等の物を置くまたは設置を想定していないが，一般的に床，壁，屋根部分の継手として使用されるため，耐火建築物として用いる場合は，屋内側の使用条件等（可燃物量等）を考慮して遮炎性または遮熱性についての検討が必要である．なお，施工にあたっては，以下のことに配慮する必要がある．主な継手部を図4.13[2]に示す．

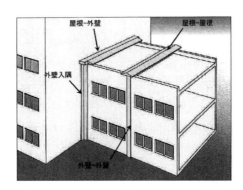

図4.13　エキスパンションジョイントの主な継手部[2]

a. クリアランス

エキスパンションジョイントを設ける箇所の躯体のクリアランスは，壁・床ともに等間隔になるようにする．壁・床のクリアランスが異なった場合，耐火帯の幅および取付け方に差異が生じ，縦横の耐火帯接合部に隙間が生じやすくなり，防火上の欠陥となりやすい．なお，クリアランスについては，地震時等の変形を考慮して決める必要がある．

b. 躯体

エキスパンションジョイントを設ける箇所の躯体は，事前に納まりを十分に確認し，はつり箇所がないようにする．また，躯体表面は平滑に仕上げる．躯体のはつり箇所は火災時に亀裂が生じやすく，防火上の欠陥となるので，躯体の打込み時には十分に注意する必要がある．

c. アンカー

アンカーの取付けは，周囲のコンクリートにひび割れを生じさせたり，アンカーの固定力が不十分とならないよう取付け位置・取付け方法など必要事項をよく確認し，誤りのないよう施工する．

d. 耐火帯

耐火帯を取り付ける場合は，耐火帯にねじれ，亀裂等がないかよく確認し，耐火帯が躯体に十分密着するように注意する．取付け時に耐火帯にねじれ，亀裂等があった場合，そのエキスパンションジョイントが有する本来の機能が期待できなくなるので，注意する必要がある．耐火帯の接合部は，耐火帯の接合部は，火災時に防火上最も弱点となりやすいので耐火材を長くとり，十分に重ね合わせ，隙間のないようにする．

e. 止水板

止水板の取付けは漏水のないように注意し，接合部は十分に重ね合わせ，継目を完全にシールする．

止水板の取付けは，防水性を完全に確保するよう施工方法および施工手順を良く確認し，施工する．止水板そのものは剛性の小さいものが多いので，止水板が丸まって水みちを作ることのないよう注意する必要がある．また，止水板の長さはゆとりをもって取り付け，止水板の接合は縦横のコーナー部では行わないよう注意する．

4.8 その他の留意事項

4.8.1 柱・梁等の接合部分について

接合部の取扱いは，全ての柱・梁等に共通する問題である．しかし，接合部として単独の国土交通大臣認定はないことから，柱と梁の接合部は，要求される耐火性能は安全側として，柱または梁の厳しい方の耐火性能を担保する工法が一般的である．通常，柱の耐火被覆の方がより厳しい耐火性能(同種の被覆であれば被覆厚が厚い)を要求されることから，柱の被覆仕様で接合部も仕上げたのち，ボード類の肌別れ等に関する措置を仕様とするのが一般的である．

上記以外の柱・梁の接合部等についても，具体的に2011年度に本会防火委員会合成耐火被覆小委員会で整理したので，後述の付録に紹介する．

4.8.2 遮煙について

防火設備の遮煙措置について，例示仕様は建築基準法施行令第112条第14項第2号に規定される遮煙性能を有する防火設備の構造(関連告示:昭和48年建設省告示2563号，2564号および平成12年建設省告示1360号，1369号)に従う．なお，施工にあたり国土交通省の大臣認定を受けたものについては認定番号を確認し，認定内容の施工要領および条件を守る必要がある．

また，壁等の施工においても，施工要領に従い目地部，隙間など適切な処理を行う．大臣認定を受けたものについても同様である．

参 考 文 献

1) 区画貫通部施工指針(給排水設備編)1984年版，日本建築センター
2) 建築用エキスパンションジョイントの手引き2016年版，日本エキスパンションジョイント工業会

5章　維持管理

5.1　常時適法な状態に維持する

　建築物の各種性能は，その使用開始直後から日々性能が変化する．具体的には，建築物の内部は，部屋の間仕切りをはじめとして使われ方は変化し，利用者の行動・判断能力など火災時の避難能力も日々変化する．さらに，建築部材や各種設備の性能も物理的・化学的に劣化することから，これらの変化を定期的に把握し，当初またはそれをスパイラルアップした新しい目標・目的の性能を維持することが重要である．さらに，災害事故事例や科学技術の進歩などで建築物の所有者の意思にかかわらず基準となる法令も変化するため，建築物はその変化にも対応しなければならない．また，火災安全性能だけではなく，さまざまな性能の要求条件も時代や社会の変化によって変化する．

　しかるに，建築基準法(以下，法という)第8条において，「建築物の所有者，管理者または占有者は，その建築物の敷地，構造および建築設備を常時適法な状態に維持するように努めなければならない．」と規定し，必要に応じて，維持保全に関する準則や計画を作成し，適切な措置を講ずることとしている．さらに法第12条第1項において，資格者が定期的に対象とする建築物の損傷や劣化状況などを調査し，特定行政庁に報告することを規定している．

　防火対策に関してもこの規定は当てはまる．このとき，防火関連の建築基準法も火災事故事例を受けて遡及はされないものの，一般には強化される傾向にあることから，法規の変化について常に注視する必要がある(所有者の知らないうちに法改正によって既存不適格建築物になっている場合がある)．しかし，建築物を引き渡された側は基本的には素人であるから，その役割を果たす担当者はいないのが一般的である．したがって，建築物の滅却に至るまで，設計者や施工者が資格者としてその責務を果たす必要があると考える．

　とはいえ，資格者が常時その建築物にいるわけではないので，日常的なリスクの変化について，所有者側に資格者に準じて管理のポイントを理解した定期的に監視する係員を配置することが事故低減につながると考える．このポイントを示すものが，前記2.4.2に示した区画計画書の役割である．

　既存不適格建築物になったといっても，耐震改修に比べると所有者などの改修に関する意識は低い．新たに建築確認を必要とする増改築などのニーズがない限り，その改修時期を猶予するとの条文があることから，防火面の既存不適格建築物を生み出す原因となる．これによって，安全でない建築ストックを増加させている可能性が高い．

　耐火建築物の火災安全性を確保するには，火災進展の各過程における被害拡大を最小限にとどめるためにさまざまな対策を準備している．これら対策の策定については，建築物の計画および設計段階において十分検討され，また，施工段階においてその設計条件を満たすように完璧に実施されなければならない．さらに，建築物が完成した後，建築物の所有者・管理者が日常において建築物・設備を適正に点検・保守し，用意した防火対策が目標どおりに機能するための努力が必要である．

　したがって，前記2.4に区画計画書を作成することの意義・必要性を示したが，ここに記載する事項については「建築基準法第12条第1項に規定する建築物の維持管理に関する準則または計画の作成に関して必要な指針」(昭和60年3月19日　建設省告示606号)の前提となるものでなければならない．防火対策の維持管理について，当該建築物の関係者は少なくとも法令で要求される機能を保持しなければならないが，設計の時点より維持管理・保守点検が容易に行えるよう配慮しておくことも重要である．

5.2　仕様書設計の建築物と性能設計した建築物

　火災安全の目的で設置した区画についても，同様の配慮が要求される．

　2000年の法の改正によって，防火規定に性能設計法が導入されたことに着目する必要がある．この改正によって，従来の仕様書的な設計の建築物と性能設計による建築物の2種類の建築物がわが国では存在することになる．目標とした火災安全性能を維持することに関しては，上記の法令との関係でともに共通の課題となるが，後者の性能設計建築物においては，特に区画の性能維持への配慮の重要性が増大する．

　さらに，数次にわたる防火上の法改正によって多数の既存不適格建築物が出現し，また，近年，建築物のコンバー

ジョンやリニューアルが活発に行われ，建築ストックを有効に活用する時代となっている．旧法38条による大臣認定建築物や特に1945年以降に建設され，現存する歴史的・文化的な視点から現行法規に合致するように防火改修してでも残存させることが必要な建築物などの火災安全上の区画性能向上なども，維持管理との関連で考える方が合理的な場合が多くなるであろう．

　以上の背景の下で，区画の性能を当初の設計・計画目的どおり〔区画計画書に記載されたこと〕に維持することの重要性は，ますます増大する傾向にあるといえる．

　本書では，火災安全上の区画として，その目的に応じて「避難安全確保のための区画」，「火災の範囲を限定するための区画」，「建築物の倒壊防止のための区画」について解説し，このうち，狭義の意味で法施行令第112条に規定される「面積区画」，「異種用途区画」，「竪穴区画」，「層間区画」と便宜的に呼ばれる防火区画があること，また，さまざまな材料・工法で構成されることを示した．

　従来の仕様書規定の防火区画は，区画の施工が設計どおりに行われていれば，一般に防火上の弱点は開口部材の開閉状況に集中し，その部分の作動状況(シャッターや防火戸の開閉の確実さなど)を管理すれば概ね十分であった．しかし，性能検証を導入した建築物にあって，区画の何らかの変更は，特に避難のための区画に関しては区画の面積，内装，用途に加え，開口部の位置や形状・寸法によっては全体の火災安全シナリオに影響を及ぼし，区画の要求耐火性能にも影響を及ぼす．

　このとき，従来から用いられている意味での狭義の「防火区画」は，竣工後もそれに影響するような工事は所有者などが勝手に行うことはほとんどないので，一般的には，竣工時に完全に施工されていることを確認すれば，性能は維持できる．また，竣工検査時に検査不能であった場所も，改修工事の機会をとらえて点検を行い，不備欠陥を発見した際は，すみやかに改修を行なえばよりよいものとなる．

　一方，残念なことではあるが，部分的な改修工事やテナント工事は，本来の設計者まで相談することなしに行う例も少なからずある．このとき，仕様書設計の建築物の場合は，変更点の法適合性は比較的簡単に素人でも実施できるので，区画の撤去，破損・埋戻しの撤去，内装の変更などによる欠点を避けるために工事管理者が必ず立ち会い，防火区画部分が適正に工事されたことを確認する必要がある．

5.3　性能設計した建築物の区画変更などへの対応

　性能検証法を適用した建築物にあっては，建築物の運用段階での区画の位置や材料工法の変更は，避難安全性能や耐火性能に致命的な影響を及ぼす場合もある．したがって，空間の用途や区画部材などの変更に際しては，当初の設計意図(区画計画書の記載が重要)からの乖離の有無を確認することを忘れてはならない．

　性能設計を適用して何らかの条文の適用免除を受けた建築物の場合は，上記の工事に際しての対応は当然のことであるが，これに加えて，このような改修行為が確認を受けた原設計の設計意図に合致しているか，設計時に採用した検証法に基づいて確認するという手間が必要となる．このとき，専門的な能力を有する防火技術者の関与により，その後の安心した利用につながる．

　これに関連して，本会防火委員会火災安全性能維持管理小委員会では，実用的な対応を「火災安全性能維持管理の手引き－避難安全検証による維持管理と簡易確認方法」に提案しているので，後記の付録5)にその骨子を紹介したが，さらに興味のある方は，同書を参照されたい．

　耐火検証において，対象とする空間の面積，区画材料・工法，内装材料，収容可燃物量，開口部面積・形状などが火災の進展過程に影響を及ぼす要因となる．これらの条件が変化した場合は，構造部材に作用する火災外力としての火災性状が変化することから当然検証を実施し，当初の設計目的の範囲にあることを確認する必要がある．一方，人と煙の鬼ごっことなる避難安全性能検証において影響を及ぼす要素は，以下のとおりである．

　a. 間仕切りの変更：室面積の変更と出入口の位置および幅の変更が考えられる．これらの変更は，収容人員の変化とともに寸法の変化は避難開始時間(室面積)，歩行時間(歩行距離)，出口通過時間(出口幅)の長短など避難完了時間に影響する．また，室面積の変化は蓄煙量や煙発生量に影響を及ぼし，結果として煙降下時間の長短を左右する．

　b. 天井高さの変更：天井高さの変更は，特に蓄煙空間の変化となって煙降下時間に影響する．

　c. 室用途の変更：在館者密度や積載可燃物量の変化は，避難完了時間や煙降下時間に影響する．

d. 内装の変更：可燃性の内装材料の使用は，避難限界時間を短縮させる．
　e. 排煙システムの変更：煙降下時間を変化させる．

コラム　消防活動拠点としての区画

　消防活動拠点に求められる役割については，総務省消防庁が2005年（平成17年）3月にまとめた「防火対象物の総合防火安全評価基準のあり方検討会報告書」によると，以下の2つがあげられている．
　・想定しうる通常の火災規模に対して，拠点内部に消防隊が滞在できること．
　・想定しうる最大の火災（表1.1における「盛期火災期」をいう）規模に対して，拠点が延焼防止空間として機能すること．

　前者は，火災階で消防活動が行える状況下において，消防活動拠点内に消防隊員が継続して滞在することを可能とするものである．具体的な性能要件としては，拠点内および壁面，扉裏面の温度上昇を一定以下のレベルに抑えることや，煙の影響を一定時間抑制することが挙げられている．このため，消防活動拠点に耐火構造の認定を受けた遮熱型防耐火ガラスを用いた区画設計を行う場合には，火災時におけるガラス面からの輻射熱が安全上の限度を超えないことを確認する必要がある．その他区画施工に際しては，区画の構成部材に間隙等が生じないよう留意すること，配線器具等の貫通部処理を徹底することなどが求められる．

　後者は，フラッシュオーバー等，消防隊が火災階から退避せざるをえないような事態において，他の階への煙の拡散や延焼拡大を一定に食い止めつつ，消防隊が深刻な危害を受けることなく緊急脱出できることを示している．具体的には，他の階での検索救助活動を阻害しないよう，庇やスパンドレルによる上階延焼防止や，竪穴区画部分の遮炎性および遮煙性確保のための貫通部処理などが求められる．

　なお，階段に接していない非常用エレベーターの乗降ロビーの場合には，その非常エレベーターが機能停止した際に別の階段区画まで到達できる経路部分も考慮が必要であろう．

6章 区画に関連した試験・評価

6.1 区画と性能試験方法

　区画の構成に必要となる区画部材には，区画としての性能を満たすため，一定の防耐火性能が要求される．具体的には，①非損傷性(荷重支持能力)，②遮熱性，③遮炎性の3つの性能が必要とされ，部位ごとに要求性能が異なる(図6.1)．また，防耐火性能のレベルは耐火時間等によって格付けされるが，対象建築物や区画の種類により，必要なレベルが異なる．

　区画部材には床，壁，区画開口部(防火設備)，区画貫通部等があり，建築基準法において防耐火性能が認められている普遍的な材料・工法(例示仕様)が示されているが，近年の技術開発等に伴い，これらに該当しない新しいさまざまな材料・工法においては，法令上の要求性能に基いて技術的性能基準が定められた試験方法により，防耐火性能を確認することとなる．防耐火性能を把握するには，実際に加熱して確認することが望ましい方法であり，防耐火性能試験では区画部材を加熱炉に入れて火災を模擬した加熱をする．わが国における防耐火性能試験は，国際調和などの観点から，国際規格 ISO834 に準拠した試験方法が採用されている．

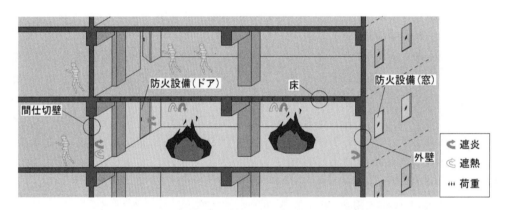

部位			屋内において発生する火災		
			非損傷性	遮熱性	遮炎性
区画要素	床		○	○	○
	間仕切壁	耐力壁	○	○	○
		非耐力壁	－	○	○
	区画開口部(防火設備)		－	－	○
	区画貫通部		－	－	○
非区画要素	外壁	耐力壁	○	※	○
		非耐力壁	－	※	○
		防火設備	－	－	○
	屋根		○	－	○

※周囲において発生する火災を想定する場合は必要となる。

図 6.1　区画部材における防耐火要求性能

6.1.1 標準火災温度曲線

実際に建築物で起こる火災性状は，火災室の形状や用途により異なりさまざまである．本来であれば，それぞれに応じて予想される火災性状に対して防耐火性能を確認することが望ましいと考えられる．しかし，防耐火性能試験においては，国際規格 ISO834 で標準火災温度曲線(以下，標準曲線という)が定められており，多くの国で採用されている．日本ではこの標準曲線を「通常の火災」と位置づけ，防耐火性能試験に運用されている．標準曲線は火災時間と経過時間で表され，フラッシュオーバー以降の火盛り期を想定しており，初期に急速な温度上昇を与えている(図6.2)．この標準曲線は，試験方法を規格化する意図で定められたものであり，実火災を表すものではないことを認識しておく必要がある．

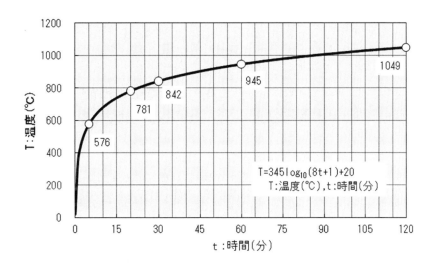

図6.2 標準火災温度曲線

6.1.2 床，壁の防耐火性能試験方法

a. 試験体

床および壁の防耐火性能試験を実施する際，試験体の材料および構成は実際のものと同一とする．また，部材の火災時性状を再現するため試験体の大きさは実大規模にすることが求められ，試験装置との関係もあるが床においては2m×4m 程度，壁においては 3m×3m 程度の大きさで実施するのが一般的である．部材の断面が非対称となる構成の床および壁については，各面からの防耐火性能を確認する必要がある．

b. 試験装置(加熱炉)

加熱炉は，試験体の試験面全面にほぼ一様に加熱が与えられるような構造である．

床にあっては，水平型加熱炉を用いる(写真 6.1，6.3)．炉の上部に蓋をするように試験体を設置し，下面から，または炉の中に落とし込んだ試験体の上面から加熱される．壁にあっては鉛直型加熱炉が用いられる(写真 6.2，6.4)．炉に垂直に設置された試験体の片面から加熱される．また，各炉には載荷装置を備えている．

c. 加熱

炉に設置された試験体の試験面を，前記 6.1.1 項で示した標準曲線に沿って所定の時間で加熱する．

d. 載荷

床や耐力壁においては，建物の自重や積載物の重量を常に支えている．試験の際も原則構造上主要な部分に載荷しながら加熱試験を実施する．部材の変形量を測定し，火災時においても荷重を支持し続ける性能(非損傷性)を確認する．

　　　写真6.1　水平型加熱炉　　　　　　　　　　　写真6.2　鉛直型加熱炉

e. 裏面温度

　床や間仕切壁の区画部材においては，火災室の反対側に伝わる熱を一定レベルに抑える必要がある．試験時には床および間仕切壁の非加熱側(非火災室側)の裏面温度を測定し，可燃物に着火しない温度であること(遮熱性)を確認する．

f. 目視観察

　床および壁の区画部材においては，延焼防止のために遮炎性が要求される．遮炎性とは，火災室から反対側に火炎や高温気流が通る損傷が生じ非火災室での発火等が発生しないことを意味し，試験中は目視観察により遮炎性の確認を行う．

g. 防耐火性能判定基準

　床および壁の防耐火性能の要求項目を満足するために，次の判定基準が定められている．

(1)非損傷性(荷重支持能力)
- 壁(耐力壁に限る)の収縮量(mm)：h/100 を超えないこと
- 壁(耐力壁に限る)の収縮速度(mm/分)：3h/1000 を超えないこと
- 床のたわみ量(mm)：$L^2/400d$ を超えないこと
- 床のたわみ速度(mm/分)：$L^2/9000d$ を超えないこと

　　　h は構造部材の高さ，

　　　L は支持スパン，d は構造断面の圧縮縁から引張り縁までの距離

(2)遮熱性
- 裏面温度上昇が平均で 140K を超えないこと
- 裏面温度上昇が最高で 180K を超えないこと

(3)遮炎性
- 非加熱側へ 10 秒を超えて継続する火炎の噴出がないこと
- 非加熱面で 10 秒を超えて継続する発炎がないこと
- 火炎が通る亀裂等の損傷を生じないこと

　以上に示した判定基準を試験終了時まで満足する必要がある．試験終了時とは，耐火構造の場合，要求耐火時間に等しい時間の加熱が終了してから，要求耐火時間の3倍の時間経過した時を示す．準耐火構造の場合，要求耐火時間に等しい時間の加熱が終了した時を示す．耐火構造においては，火災が終了するまでの間，倒壊・延焼を防止し耐火性能を確保する必要がある．これは，実火災において，可燃物が燃え尽きてもしばらくの間は比較的高温の状態が継続され，部材の構成材料によっては火災が継続し，建物の崩壊に至る可能性が生じる．試験においても，加熱終了後の耐火性能を有することを確認する．

写真 6.3 床の耐火性能試験（載荷加熱試験）

写真 6.4 間仕切壁（非耐力壁）の耐火性能試験

6.1.3 防火設備の遮炎性能試験方法

a. 試験体

防火区画の開口部に設置する防火設備には，ドア，シャッターなどさまざまなものがある．防火設備の遮炎性能試験を実施する際，試験体の材料，構成，規模（寸法）および厚さは実際のものと同一とする．付属部品がある場合は，必ず試験体に含める．また，試験体は実際の製品に周壁部分を再現したものとする．試験面は火災が想定される各面となり，原則両面の性能を確認する必要がある（写真 6.5）．

b. 試験装置（加熱炉）

加熱炉は，壁の試験同様鉛直型炉が用いられる．炉に垂直に設置された試験体の片面から加熱される．

c. 加熱

炉に設置された試験体の試験面を，前記 6.1.1 項で示した標準曲線に沿って所定の時間加熱する．

d. 目視観察

床および壁の試験同様，試験中は目視観察により遮炎性の確認を行う．

e. 遮炎性判定基準

防火設備の遮炎性の要求項目を満足するために，以下の判定基準が定められている．

・非加熱側へ 10 秒を超えて継続する火炎の噴出がないこと
・非加熱面で 10 秒を超えて継続する発炎がないこと
・火炎が通る亀裂等の損傷を生じないこと

以上に示した判定基準を満足する必要がある．

防火設備においては，原則，限られた面積の開口部に設置（措置）されること，また，その開口部周辺に可燃物が接触して置かれることがないと想定されるため，建築基準法では遮炎性のみが要求されていると思われる．また，竪穴区画などに用いられる防火設備においては遮煙性も要求され，試験方法，判定基準が定められている．

近年の新しい開発により，水幕を形成して炎を遮る防火設備が開発され実用化されている．通常の防火設備とは異なる特徴を有しており，試験方法および判定基準は，上述ではない基準[4]〜[7]が定められている（写真 6.6）．

写真 6.5 防火設備の遮炎性能試験

写真 6.6 水幕による防火設備の遮炎性能試験

6.1.4 区画貫通部の遮炎性能試験方法

a. 試験体

区画貫通部の試験体は，区画部材の床または壁，区画部材を貫通する管および防火措置工法（区画部材と管の隙間に施す遮炎措置工法）から構成される．管の種類には，配電管（ケーブル，バスダクトなど），給・排水管など（給水管，排水管，和風便器，阻集器付排水管など）があり，管，防火措置工法の材料，形状および大きさは実際のものと同一とする．区画部材の床および壁においても実際のものと同一にすることが望ましく，これに貫通孔を設ける．壁貫通部については各面から，床貫通部については下面からの性能を確認する必要がある（図6.3, 6.4）．

b. 試験装置（加熱炉）

加熱炉は，床の区画貫通部には水平型加熱炉が，壁の区画貫通部には鉛直型加熱炉が用いられる．炉に水平または垂直に設置された試験体の片面から加熱される．

c. 加熱

炉に設置された試験体の試験面を，6.1.1項で示した標準火災温度曲線に沿って所定の時間加熱する．

d. 目視観察

防火設備の試験同様，試験中は目視観察により遮炎性の確認を行う．

e. 遮炎性能判定基準

区画貫通部の遮炎性能の要求項目を満足するために，以下の判定基準が定められている．

・非加熱側へ10秒を超えて継続する火炎の噴出がないこと
・非加熱面で10秒を超えて継続する発炎がないこと
・火炎が通る亀裂などの損傷を生じないこと

以上に示した判定基準を満足する必要がある．

なお，消防法で定められている，令8区画，共住区画においては上記遮炎性のほか，遮熱性および遮煙性が求められ，試験方法，判定基準が定められている．

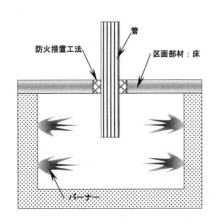

図6.3 床区画貫通部の遮炎性能試験

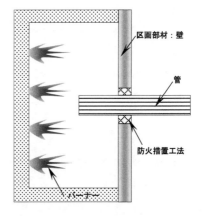

図6.4 壁区画貫通部の遮炎性能試験

6.1.5 区画貫通部の諸外国の性能検証試験

わが国では，建築基準法において要求耐火時間内の遮炎性のみの性能評価であるが，諸外国では，遮炎性に加え，遮熱性や場合によっては，米国のように耐火試験後の放水試験まで課しているところもある．また，建物の用途や立地条件，所有者・使用者のニーズに対し，設計段階で対応するため，欧米では耐火時間も1時間から最大4時間までの性能検証試験（認証試験）ができるシステムとなっている．さらに，遮煙性や耐ガス浸透性（密閉性），水密性，防爆性能，耐振動性等も付加価値として性能評価を行うシステムも存在する．参考までに，性能検証試験（認証試験）についてわが国を含めた諸外国を中心に表6.1にまとめたので，参照されたい．

表 6.1 区画貫通部の各国の性能検証試験(認証試験)比較

評価項目＼国名	ドイツ	米国	英国	フランス	オーストリア	カナダ	欧州	日本
遮炎性能	◎	◎	◎	○	◎	◎	◎	◎
遮熱性能	◎	◎	○	◎	◎	◎	◎	＊[注2]
放水(試験)		◎				◎		
遮煙性能	○	○	○	○	○	○	○	＊[注2]
耐ガス浸透性(密閉性能)	○	○	○	○	○	○	○	
遮音性能	○	○	○	○	○	○	○	
防爆性能(耐圧性能)	○	○	○	○	○	○	○	
水密性能		○				○	○	
長期性能(経年変化特性)	○	○	○	○	○	○	○	
耐振動性[注1]		○						

◎：必ず行わなければならない　○：申請者によりオプションとして選択できる

注1)例えば，耐振動性については，電気ケーブル配線関連の IEC(国際電気標準会議)の国際規格において，環境試験の項目に準拠する記載がある．

注2)遮熱性および遮煙性は消防法では要求されている．また，国土交通省の大臣認定の場合，壁，床部分は遮熱性が担保されているのが前提である．

6.2 今後の層間ふさぎの方向性

6.2.1 はじめに

　火災の延焼の伝播は，水平より垂直の方がはるかに速いことは明らかであり[8]，建物の耐火設計において，上階延焼は非常に危険な現象である．上階延焼には，下層階外壁開口部からの噴出火炎によりスパンドレル部を経由して延焼する場合と床スラブの貫通穴や隙間から延焼する場合の主として二通りがある[8]．延焼事例としては，外壁開口部からの噴出火炎による上階延焼による，ファーストインターステート銀行ビル火災(米国・ロサンゼルス，62階，1988年)やジョエルマビル火災(ブラジル・サンパウロ，1974年)等があり，近年，わが国も含め各国において外装材の燃え広がりに関するファサード試験方法や性能評価法等が提案されている[9]．また，床の開口部からの直接延焼による上階延焼事例としては，ウィンザービル火災(スペイン・マドリード，2005年)がある[10]～[12]．さらに，上階延焼により，(超)高層建物は複数階同時多発火災となる危険性もあり，火災規模のさらなる拡大を招く．これにより，架構の耐力低下や過大な変形を生じ，最終的に建物崩壊まで至る事例もある[8]．加えて，近年長周期地震動による(超)高層建築物の地震後の複数階同時多発火災も懸念されている．

　上階延焼を防止するための対策として，スパンドレルの適切な高さの計画も重要である．また同時に，床に貫通穴や隙間を発生させない設計も重要であり，特に，外周部の層間ふさぎ等に関しては，火災時に外装材が外側に熱変形することが顕著であることから，変形追随性能に加え，上階非加熱面に(可搬)可燃物等が存在する可能性もあり，遮炎性はもちろんのこと，遮熱性も考慮する必要がある[21],[22]．さらに，近年，小規模火災ではあるが煙による人命被害も多発しており，層間ふさぎ等に関して遮煙性(密閉性)も考慮する必要もある．しかしながら，国土交通省から示

されている「国土交通省住宅局建築指導課通達（第619号）カーテンウォールの構造方法」の技術的助言において，具体的仕様規定(厚さ1.6mm以上の鋼板の上に厚さ50mm以上のモルタル，コンクリートまたはロックウールで覆ったもの(図6.5))は存在するものの，変形追随性能や遮炎性，遮熱性，遮煙性の性能規定化がなされておらず，早急な検討が必要である．加えて，近年，(超)高層建築物の地震後の複数階同時多発火災も懸念されており，繰返し変形を受けた上での耐火性能について性能を評価するシステムも必要となろう．さらに，近年，建築の証券化の動きが活発化しており，建物のデューデリジェンスの観点からも，耐火性能に加えて，遮音性能・長期特性(経年変化特性)・水密性能(防水効果特性)等の付加的な性能を含めて評価する動きもあり，欧米では損害保険会社による火災保険料率と連動して評価する方法も行われている[13),14)]．すなわち，建造物の立地条件や規模・用途等により要求される性能は異なるため，その要求性能に応じて適切な性能を有する防火措置工法を選択し，措置を行う必要がある．

6.2.2　層間ふさぎ防火措置の耐火性能等に関する海外（欧米）の研究動向[15)～19)]

わが国では，外壁カーテンウォール等の層間ふさぎやALC等防火区画壁と床デッキプレートとの取合い部等の防火措置部において，性能規定化はなされていない状況であるが，米国では，ASTM(米国材料試験規格) E 2307に基づく性能検証試験で，2層中型スケールの試験体による建物の窓からの延焼と室内の区画からの延焼を再現しており，システム全体として検証する試験方法がある(図6.6，6.7，写真6.7)．一方で，欧州のカーテンウォール・ペリメータージョイント部の検証試験は，EN(欧州規格) 1364-4に基づいてペリメータージョイント部の部分的な試験体による耐火試験を認めている(図6.8，6.9，写真6.8)．両者とも外装材やスパンドレル部も含めてシステムとして耐火試験の検証を行う点は同様であり，変形追随性能を考慮した伸縮試験を行った後に耐火試験を行うという評価方法も同様である．また，UL(米国国際火災保険試験研究所)と欧州EN(欧州規格)の認証ともに，第三者機関の審査(性能評価)や検証試験が根本にある．

参考までに，欧米の耐火性能に関する性能評価(検証試験)や付加的な検証試験方法を表6.2に示す．基本的には，欧州，米国ともに，熱変形や風荷重，地震動，またはそれらの組合せとしての変形追随性能を考慮し，サイクル試験(繰返し伸縮試験)を行った後，耐火試験を行う評価法である．また，建築の立地条件や規模・用途等により，要求される性能は異なるため，耐火性能に加え，遮煙性や密閉性(耐ガス浸透性)，水密性(防水効果特性)，経年変化特性(長期特性)，遮音性等の付加価値性能も含め，欧州認証，米国認証ともに検証する試験法と評価法が提案されている．また，表6.2に基づいて，ETA認証(欧州技術認定)やUL(米国)認証をすでに取得している防火措置工法の一例を図6.10，写真6.9に示す．この工法は，サイクル試験(変形追随性能試験)を行った後に耐火試験を行い，欧州・米国認証を取得し，認証レポートを有している．さらに，遮煙性や密閉性，水密性，長期特性，遮音性，防カビ性等各種，性能を検証する試験を任意に行い，認証レポートを有することで，CE認証マークやUL認証マークを取得している．

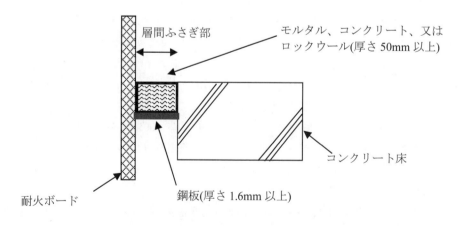

図6.5　国土交通省技術的助言による層間ふさぎ部防火措置

6章 区画に関連した試験・評価　−69−

写真 6.7　ASTM 耐火試験

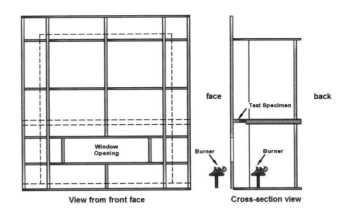

図 6.6　開口部付 CW（カーテンウォール）
外壁耐火試験・立面図（正面）
ASTM E 2307

図 6.7　断面図（側面）
ASTM E 2307

写真 6.8　EN（欧州）耐火試験体外観

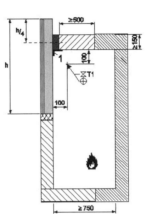

図 6.8　EN 耐火試験体
（断面図）（壁炉）

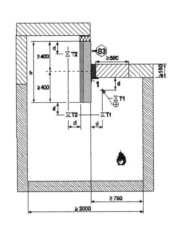

図 6.9　EN 耐火試験体
（断面図）（床炉）

表 6.2 EN(欧州)認証・UL(米国)認証層間ふさぎ部性能評価法

	欧州認証 EN・ETAG規格	UL認証 ASTM規格
遮炎性能 (変形追随性能試験後)	◎ 90分	◎ 2時間
遮熱性能 (変形追随性能試験後)	◎ 最大180K以下	◎ 最大180K以下
サイクル試験 (変形追随伸縮試験)	◎ 最大±25％以下	◎ 最大±50％以下 500サイクル (熱変形の場合)
試験方法	EN 1364-4 ETAG 026 図6.8 図6.9	ASTM E 2307 図6.6 図6.7
遮煙性能	HCL, CO, NO, NO_2, SO_2, H_2S, HF (各々許容値あり) ABD 0031	1.0 SCFM/LF 以下 ASTM E 2307
密閉性能 (耐ガス浸透性)	DIN EN 1830-1 DIN EN 1026	ASTM E 283-04
水密性能 (防水効果特性)	検討中	UL 1479
長期性能 (経年変化特性)	DIN 4102-9 DIN 4102-2	なし
防カビ性能	SN 195920	ASTM G 21
遮音性能	DIN EN 12354-1	ASTM E 90-99
認証マーク	CEマーク 上記◎は必須	ULマーク 上記◎は必須

［注］ETAG：European Technical Approval Guidelines（欧州技術認証規格）
ABD：AIRBUS INDUSTRIES（エアバス・インダストリー），SCFM/LF:Standard Cubic Feet per Minute per Linear Foot

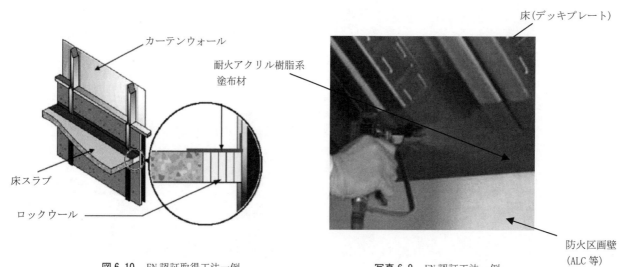

図 6.10 EN 認証取得工法一例
（カーテンウォール層間ふさぎ）
（遮煙性能・密閉性能・水密性能・
長期特性・遮音性能等認証取得）

写真 6.9 EN 認証工法一例
（防火区画壁と床デッキプレート隙間防火措置）
（遮煙性能・密閉性能・水密性能・
長期特性・遮音性能等認証取得）

6.2.3 層間ふさぎ防火措置のランク付け性能評価方法の提案と今後の課題

近年,建築物の高層化・複合化が著しく,カーテンウォール等外壁の層間ふさぎや ALC 等防火区画壁とデッキプレート床等との取合い部について,火災時の熱変形や地震時の変形等により隙間が生じる可能性も考えられ,その隙間が火炎や煙の通り道となり,容易に上階に延焼することが懸念される.したがって,欧米の外壁のペリメータージョイント部の伸縮試験を行った後に耐火性能試験を行う性能評価に見られるように,変形追随性能を有する防火措置を適用することで,層間区画を適切に機能させることが重要であると思われる.また,建物の防火性能は,わが国では法令遵守に照準を合わせた設計がなされることが多いが,火災の継続時間も安全を見て 90 分程度は必要であるとも言われている[20].建築物の立地条件や規模・用途等により,要求される性能は異なるため,建築物所有者や使用者等への安心安全の意識付けの観点からも,防耐火性能のランク付け評価の仕組みを創設するとともに,建物の証券化の際のメニューに加える社会的な仕組みの構築も並行して取り組む必要がある.損害保険の観点からの火災保険料率と連動する仕組み(例えば,より性能の高い防火措置工法および付加価値性能を有する工法を措置した場合に火災保険料率を割引するシステムの構築など)も必要となるものと考えられる.また,建物保全の観点等も考慮すると,表 6.2 のように防火性能のみならず,耐ガス浸透性(密閉性)や水密性(防水効果特性),経年変化(長期特性),防カビ性,遮音性等の付加的な性能も考慮する必要性も時として生じてくる.以上を踏まえ,ランク付け性能評価法の一例を表 6.3 に示す.

今後,耐火検証実験[21),22)]や実大建物による火災実験,長周期地震動をも考慮した地震後の火災実験を行う必要も考えられる.国際化を見据えた戦略的構想も念頭におき,今後より一層の継続した工学的・学術的な実験・研究や新技術の開発に期待したい.

表 6.3 層間ふさぎ防火措置ランク付け性能評価法の一例

	遮炎性 サイクル試験後	遮熱性 サイクル試験後	変形追随性能	密閉性 遮煙性	水密性 防水効果特性	長期性能 経年変化特性	遮音性	その他
SS ランク	◎ 2時間	◎ 最大 180℃ 以下	◎ ±25% 以上	◎	(○)	◎	(○)	(○)
S ランク	◎ 90分	◎ 最大 180℃ 以下	◎ ±12.5% 以上	◎	−	◎	−	−
A ランク	◎ 60分	◎ 最大 180℃ 以下	◎ ±12.5% 以上	−	−	−	−	−
B ランク	◎ 60分 (サイクル試験なし)	◎ 最大 180℃ 以下	−	−	−	−	−	−

[注] ◎:必須性能評価項目,(○):該当項目より一つ以上の付加的な性能評価を行う,−:適用なし

参 考 文 献

1) 建材試験センター：防耐火性能・業務方法書，2000 年 6 月制定，2015 年 6 月変更
2) 日本火災学会：はじめて学ぶ建物と火災，共立出版，2007
3) 常世田昌寿：建築耐火の基礎講座，建材試験情報，2010 年 6 月号，10 月号
4) 本間正彦，山名俊男，遊佐秀逸，大宮喜文，池田憲一ほか：水膜システム等の遮炎性能評価に関する研究(その 1)－開口部を開放した耐火試験炉の加熱特性に関する実験－，日本建築学会大会学術講演梗概集(東海)，pp.163-.166，2003.9
5) 水落秀木，池田憲一，広田正之，大宮喜文，遊佐秀逸ほか：水膜システム等の遮炎性能評価に関する研究(その 2)－フラットタイプの水膜による温度低減効果に関する実験－，日本建築学会大会学術講演梗概集(東海)，pp.291-pp.292，2003.9
6) 林龍也，佐藤博臣，大宮喜文，山名俊男，遊佐秀逸ほか：水膜システム等の遮炎性能評価に関する研究(その 3)－広範囲水膜による温度低減効果に関する実験－，日本建築学会大会学術講演梗概集(東海)，pp.293-294，2003.9
7) 斎藤満，山名俊男，遊佐秀逸，西田一郎ほか：水膜を用いた防火設備の性能評価，日本建築学会大会学術講演梗概集(近畿)，pp.145-146，2005.9
8) Kenichi Ikeda: Fire Resistive Design for Preventing Upward Fire Spread, Journal of Disaster Research, Vol.6, No.6, 2011
9) 吉岡英樹，大宮喜文ほか:大規模ファサード試験(ISO13785-2)に準拠した火災実験-開口上部ファサード近傍における温度・受熱量の測定結果-，日本建築学会技術報告集，No.42，pp.605-610，2013.6
10) New Civil Engineer, 17 March 2005
11) スペイン高層ビル火災の教訓を活かし，リバプールに建設される各階毎の防火を徹底したビル，国際建設情報 pp.20-21，2006.2
12) Ken Brenden: Dynamic Issues Drive Curtain Wall Design, pp.50-pp.52, STRUCTURE magazine, August 2006
13) 大和征良ほか:片面強化石膏ボード重張壁におけるケーブル配線の防火区画貫通部防火措置工法の研究(1)，日本建築学会大会学術講演梗概集(九州)，pp.35-36，2007.8
14) 菅原進一ほか：「デザイナーのための内外装チェックリスト『時代の潮流がわかる 6 つの鍵　キーワード 3　建築の証券化　建物の評価(デューデリジェンス)』」，ディティール，2005.12
15) ETAG 026, Fire Stopping and Fire Sealing Products, Part 3, Liner Joint and Gap Seal, 2008.2
16) EN 1364-4, Fire resistance for non-loading elements – Part 4: Curtain walling – Part configuration,2007.3
17) ASTM E2307-10, Standard Test Method for Determinig Fire Resistance of Perimeter Fire Barriers Using Intermediate-Scale, Multi-story Test Apparatus, Nov.2010, 11)ETA-11/0343, Hilti Firestop Joint Spray CFS-SP WB, 2011.9
18) UL 2079, Tests for Fire Resistance of Building Joint Systems, 2006.3
19) NEWS LETTER「区画防火の重要性と施工管理上の諸問題－区画防火と外壁の上階延焼防止のあり方－，東京理科大学　第 2 回 G-COE 教育セミナー，2012.9
20) 上杉英樹:窓際の上階延焼について，一般-4-1，安全工学シンポジウム 2009，pp.218-221，2009
21) 大和征良，江口純子，池田憲一，大宮喜文，菅原進一：カーテンウォール層間ふさぎ防火措置に関する実験的研究(1)，日本建築学会大会学術講演梗概集(近畿)，pp.379-380，2014.9
22) 大和征良，江口純子，池田憲一，大宮喜文，菅原進一：カーテンウォール層間ふさぎ防火措置に関する実験的研究（その 2)屋内火災および屋外火災を対象として，日本火災学会研究発表会，pp.148-149，2015.5

コラム　大規模ファサード試験方法

現在，ISO（国際標準化機構）において，ISO13785-2（Reaction-to-fire test for façade(large-scale test)）として，大規模ファサード試験が規格化されている（図 6.11）．

試験は，実際の火災を模して居室で発生した火災がフラッシュオーバー現象へと成長し，開口部から火炎を噴出させて上部のファサードの外装面を噴出火炎にあぶられる状況を想定したもので，その噴出火炎によって，ファサード外装材の上方向への燃えひろがりの状況を把握するものである．試験装置は，燃焼チャンバーとファサード試験体に大別できる．燃焼チャンバーは，幅 3m×奥行き 4.3m×高さ 1.7m の直方体で，その前面に床面から 0.5m の位置に火炎が噴出する幅 2m×高さ 1.2m の開口部を有している．試験に用いる標準的な燃料は，プロパンガス（120g/sec）であるが，その他ヘプタン燃料や木材クリブなども提案されている．ファサード試験体は，最も危険な状況を再現するために，直角に入隅部の袖壁を設けた L 字形の形状となっており，正面ファサード壁は幅 3m×高さ 5.7mm，それに直角に交差する袖壁は幅 1.2m×高さ 5.7m で，燃焼チャンバーの開口部を介して接続されている．

ファサード試験は，アメリカやカナダの北米をはじめ，ヨーロッパではイギリス，スウェーデンやロシア，そしてアジア圏ではニュージーランド等で行われ，わが国においても JIS A 1310-2015（建築ファサードの燃えひろがり試験方法）が規格化されている．それら試験方法は，各国の建物の様式の違いなどもあり，対象とする建物の実状に照らして試験体の大きさ・仕様，火源の種類・加熱強度なども，それぞれに特徴がある条件となっている．

ファサードの評価についても，各国で上階延焼の考え方や捉え方により，評価手法も評価内容やその基準なども独自の方法やレベルとなっている．

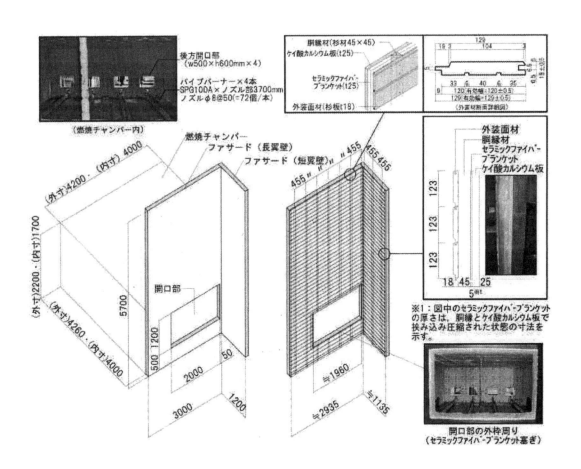

図 6.11 大規模ファサード試験装置（単位：mm）

参考文献　1) 大宮喜文，火災の科学最前線 木質外装材の火災安全性，自主防災，229 号，pp. 16-17，2012.9

付　　録

付録1) 設計・施工に必要な防火区画の用語集

(法令は2014年(平成26年)3月時点)

1)-1 建築基準法に関する区画の種類

1)-1-1 防火区画(令112条)

建築基準法で規定されている所要の非損傷性,遮炎性,遮熱性を有する建築部分で間仕切られた区画をいう.

防火区画は,異種用途,面積,竪穴,層間の各区画で構成される空間をいう.

1)-1-2 異種用途区画(令112条第13項)

複数の用途を持つ一つの建築物において,使われ方や管理形態が異なる二つ以上の用途が存在する場合,用途別に耐火構造の壁や床で仕切った火災区画をいう.

複合用途の建築物内に多人数が利用する特殊建築物が入る場合は,用途の違いにより利用の方法,利用者,利用時間等が異なるために,防災上,その部分とその他の部分を区画する必要がある

1)-1-3 面積区画(令112条第1〜4項)

火災の平面的な拡大を防ぐために設けられる火災区画をいう.

火災の拡大防止,避難,煙の拡散防止ならびに消火活動の面から,建築物は平面的にある一定面積,異なる用途毎に法規に規定する区画化を計画しなければならない.

建築物の基本計画の時点で避難区画を平面上でどの位置にどのくらいの大きさを想定するかが,区画化の第一番目の要点である.また,建築物内で管理権限が分かれており,不特定多数の人の利用する用途はその部分とその他の部分とは防火区画されなければならない(異種用途区画 建築基準法施行令第112条第12項,第13項).次に,火災危険が想定される火災の区画すべき面積の大きさは,欧米でも日本でも建築法規により建築物の用途,規模等に基づき細かく定めてある.建築基準法施行令第112条(防火区画)の項によれば,主要構造部が耐火構造の建築物では1500㎡以内ごとに耐火構造の床もしくは壁で区画し,開口部は特定防火設備とすることなどが規定されている.

1)-1-4 竪穴区画 (令112条第9項)

床の開口部で幾層にもわたって竪穴となる階段室,エレベーターシャフト,パイプ,ケーブルシャフト等を耐火構造の壁で囲い込んだ区画をいう.

平面的に一定の面積ごとに区画する面積区画に対し,建築物内の縦方向に連続する空間となる吹抜け・階段室・昇降路・設備シャフトなどの竪穴を形成する部分の周囲を防火区画する必要がある.

竪穴区画とは,建築物内の縦方向に連続する空間を介して火災が拡大することを防止するとともに,建築物内の避難者が階段を通っての安全な避難確保のために,煙や高温ガスが侵入することを防ぐものである.

竪穴は,階段・エレベーター・エスカレーターなどの縦交通動線の部分,ダストシュート・ダムウェター・リネンシュートなどの物品の運搬のための縦動線の部分,ダクトシャフト・パイプシャフト(給排水管・配電管・ヶーブル)などのエネルギーおよび情報の部分に分類される.

面積区画は,一般的に火災規模と被害の抑制のため一定面積以下に制限した区画であるのに対し,竪穴区画は,吹抜けになっている部分,階段・エレベーターシャフト等計画上または機能上,止むを得ず上下階,縦方向に貫通する空間を設けなければならない場合でいわば形態からくる規制であり,縦方向の空間とその他の部分(他の縦方向の空間部分を含む)とを防火区画しなければならないことを規定したものである.

1)-1-5 層間区画

火災階の上層階,ならびに下層階への火災の拡大を防止するための床,スパンドレル・バルコニー・層間ふさぎ等による区画をいう.

上層または下層(上階または下階)への延焼拡大を防止するために,十分な耐火性能を有する区画部材等を用いて空間を区画または分離することを層間区画という.

この区画の計画にあたっては,多層階(複数階)火災を防止するために各階毎に層間区画を設けることを原則とする.

ある階で発生した火災が上階または下階に延焼拡大すると延焼面積が増大するばかりでなく,火勢

が激しくなる可能性がある．これは，上下階の空気の流通量が比較的多い場合で，木造建築等で床が燃え抜けた場合等によく経験される．

このような他階への延焼による燃焼面積の増大と火勢の激化は，避難・消防活動，収納物および建物自体の損傷に大きく影響するばかりでなく，さらに上階への延焼危険も増大させる．

このため，区画の計画にあたっては各階毎に層間区画を設けることとし，他階への延焼拡大を防止しなければならない．

層間区画を構成する部材としては，建築物内部において他階への延焼を防止するための床と建築物外周部から他階への延焼を防止するための外壁（スパンドレル）・庇・バルコニー等がある．

また，層間区画部材の取合い部や，設備配管等の貫通部の隙間等に不燃材料を充填することを層間ふさぎをするといい，層間区画を達成するためにきわめて重要である．

1)-1-6 水平区画

建築基準法上の区画ではないが，物販店舗のように階の在館者数が多く，通常の廊下等の避難施設だけでは避難に長時間を要する場合，または病院の病棟や福祉施設のように，自力歩行困難な利用者の多い空間では，階下へ避難しなくても，同一階に一時待機できるスペースを確保するために水平区画を設けることが，避難安全性を確保するために効果的である．階を複数の防火区画に分割し，双方向に避難できるように設置する．

この水平区画に必要とされる性能は，一般に安全区画より高い性能が要求されるが，一時待機場所として，どの程度長い時間待機するかで必要な性能が異なる．

1)-1-7 高層区画　（令第112条5項～7項）

高層建築物では，小面積ごとに区画を形成する必要がある（中低層の場合は500～3000㎡であるが，高層は100～1000㎡）ため，この区画を特に「高層区画」と呼び，中低層の面積区画と区別することもある．

1)-1-8 114条区画（令第114条）

建築基準法施行令第114条で規定されており，建築物の界壁，間仕切り壁および隔壁等を用いた区画である．

1)-1-9 防煙区画

防煙区画は，火災室または火災階からの煙の流出を防ぐことを目的とした区画をいう．垂れ壁区画と間仕切り区画とがある．垂れ壁区画は，煙が拡散・希釈増量して降下を始める前に集煙するための区画であり，間仕切り区画は煙の伝播を直接遮煙する区画である．建築基準法および告示で区画の面積や区画に用いられる材料の定めがある．

1)-2　消防法に関する区画の種類

1)-2-1　令8区画　消防法施行令第8条

敷地内に2棟以上の防火対象物がある場合，棟単位で消防用設備等の設置基準が適用される．1棟の建物に対し複数の用途があれば，複合用途防火対象物として扱われる．消防用設備等の基準が変わり，一般的に，より火災に対して高い安全性を要求される．

令8区画とは，消防法施行令第8条「防火対象物が開口部のない耐火構造（建築基準法第2条第7号に規定する耐火構造をいう．以下同じ．）の床または壁で区画されているときは，その区画された部分は，この節の規定の適用については，それぞれ別の防火対象物とみなす．」とされている規定である．

一棟の建築物でも，令8条に規定されている「開口部の無い耐火構造の床・壁」で区画されていれば，区画された部分については，消防用設備等の設置および維持の技術上の基準の適用について別の防火対象物として取り扱うことが可能になる．

a. 令8区画の構造

令8区画は，鉄筋コンクリートや鉄骨鉄筋コンクリート造など，容易に変更できない耐火構造とすることが定められている．所轄消防との協議によるが，ALC壁などは鉄筋コンクリートに比べて弱く，容易に破壊・変更することが可能と判断され，令8区画の壁として認められないことがあるため，十分な協議が必要である．

通常の火災時の加熱に対し，2時間以上耐える性能を持つこと，令8区画を構成する床・壁の両端，上端は，外壁や屋根から50cm以上突き出ていることなども定められている．ただし，令8区画を含む幅3.6m以上にわたって耐火構造であり，かつ開口部が存在しないこと，開口部を設ける場合には相互距離が令8区画を介して90cm以上離隔し，防火設備が設けられている場合においては，突出しを省略することが可能である．

耐火構造とする範囲は，令8区画の壁・床を中心に，それぞれ幅1.8m以上の範囲を耐火構造とすることが適当である．

b. 令8区画を貫通する配管

令8区画は，防災上きわめて重要な区画になるため，延焼の原因となる配管貫通を原則として認められない．しかし，給排水管など，必要不可欠な設備配管に限り，配管貫通を認めることが定められている．

・配管用途は給排水管

1の配管は呼び径200mm以下

配管貫通のための貫通穴直径は300mm以下

貫通穴の相互間離隔距離は，大きい方の直径以上

貫通配管および貫通部は一体で，通常の火災時の加熱に2時間以上耐える性能を有する貫通部はモルタル等の不燃材料で埋戻す等，十分な気密性を有するように施工すること．熱伝導により，配管の表面に可燃物が接触した場合に発火する恐れのある場合には，可燃物が配管の表面に接触しないような措置を講ずること．

上記のように，高い耐火性能を維持できるような施工を行わない限り，令8区画として認められない．なお，電気配管やガス配管は，どのような措置を講じても貫通することは認められない．

排水管に付属される通気管など，排水管を正常に運用するために必要不可欠な配管も，貫通することが可能とされている．また，令8区画となる床に設置される便器など，区画貫通部から1m以内に衛生機器との接続点がある場合も，便器が不燃材料で造られている場合，接続可能とされている．

電気配管を令8区画で区画された建物間に通す場合，令8区画ではない外壁を貫通し，埋設によって建物に導入する方法が考えられる．

1)-2-2 共住区画　省令第40号

　共同住宅等は，「特定共同住宅等における必要とされる防火安全対策性能を有する消防の用に供する設備等に関する省令」に定める基準に適合する場合，通常用いられる消防用設備等に代えて，必要とされる防火安全性能を有する消防の用に供する設備等を設置することができる．

　この省令の適用にあたり，住戸等は「開口部のない耐火構造の床又は壁で区画すること」とされている．

a. 共住区画を貫通する配管および貫通部

　共住区画を配管が貫通することは，原則として認められない．しかし，必要不可欠な配管であって，当該区画を貫通する配管および当該貫通部について，開口部のない耐火構造の床または壁による区画と同等とみなすことができる場合にあっては，当該区画の貫通が認められる．この場合において，共住区画を貫通する配管および当該貫通部は次の基準に適合させる必要がある．

　ⅰ）配管の用途は，原則として，給排水管，空調用冷温水管，ガス管，冷媒管等であり，これには，電気配線が含まれるものであること．

　ⅱ）一の配管は，呼び径200mm以下のものであること．

　ⅲ）配管を貫通させるために共住区画に設ける開口部は，内部断面積が直径300mmの円の面積以下であること．

　ⅳ）配管を貫通させるために共住区画に設ける開口部相互の離隔距離は，当該貫通するために設ける開口部の最大直径（当該直径が200mm以下の場合にあっては，200mm）以上であること．

　ⅴ）共住区画を貫通する配管およびそれらの貫通部は，次の(ア)または(イ)によること．

　　　(ア)配管は，建築基準法施行令第129条の2の5第1項第7号イまたはロに適合するものとし，かつ，当該配管と当該配管を貫通させるために共住区画に設ける開口部とのすき間を，モルタル等の不燃材料で完全に埋め戻す等の措置をとること．

　　　(イ)平成17年消防庁告示第4号で定める床または壁を貫通する配管等およびそれらの貫通部が一体として有するべき耐火性能を有しているものをして認められたものであること．

　ⅵ）熱伝導により，配管の表面に可燃物が接触した場合に発火するおそれのある場合には，当該可燃物が配管の表面に接触しないような措置を講ずること．

1)-2-3 防護区画

　泡消火設備，不活性ガス消火設備，ハロゲン化物消火設備および粉末消火設備において，区画内の火災を効率よく消火するため，消火剤を放出する空間を定めた区画である．

　防護区画は，不燃材料（建築基準法第2条第9号に規定する不燃材料をいう）で造った壁，柱，床又は天井（天井のない場合にあっては，はり又は屋根）により区画され，かつ，開口部に自動閉鎖装置（建

築基準法第 2 条第 9 号の二ロに規定する防火設備(防火戸)又は不燃材料で造った戸で消火剤が放出される直前に開口部を自動的に閉鎖する装置をいう．)が設けられていなければならない．ただし，開口部から外部に漏れる量以上の量の消火剤を有効に追加して放出することができる設備であるときは，当該開口部の自動閉鎖装置を設けないことができる．

1)-2-4 省令 13 条区画

スプリンクラー設備を設置することを要しない階の部分等に関する区画をいう．

1)-2-5 不燃区画

屋内に消防用設備等のポンプを設ける場合は，不燃材料*(建築基準法第 2 条第 9 号に規定する不燃材料をいう．)で造った壁，柱，床または天井(天井のない場合は，はりおよび屋根)で区画された専用の室に設置する必要がある．

1)-2-6 専用不燃区画

変電設備，発電設備および蓄電池設備は，それぞれの設備ごとに壁・柱・床・天井が不燃材料*で造られ，かつ，窓および出入口の開口部を防火設備とした専用の室内に設置する必要がある．

[注] *ガラスやアルミニウムなど火災初期に空間形状を維持しにくいような材料については，消防等との協議が必要である．

付録2) 建築基準法と防火区画

　火災の範囲を一定範囲にとどめるための仕様書的な対策の最低の基準が，建築基準法施行令第112条に例示されている．この条文には，通常防火関係の教科書などに示される面積区画，竪穴区画，層間区画，異種用途区画などという言葉はない．第112条の各項目の火災安全上意図するところをこのように呼称しているに過ぎない．

　この条文は，以下に示すような火災科学の進歩による解明の成果や，痛ましい犠牲の結果を再発させないための強化目的で，社会や時代の変遷を反映させて順次追加されたものである．

2)-1. 防火区画の用語の出現時期など

・大正9年（1920年）11月9日に制定された市街地建築物法施行規則の第29条に「防火区画」の用語が現れ，対象とする特定の地域の学校，集会場，劇場，工場，病院，市場，屠場，火葬場その他について「建築面積200坪以上の建築物には建築面積200坪以内ごとに防火壁を設けるべし」とし，第30条に防火壁の構造について規定し，「耐火構造とすること，両端は外壁に達すること，上端は屋根面に直角に測り1尺5寸以上屋上に突出させること，各開口部の幅及び高さは9尺以下にして甲種防火戸の設備を有すること」とし，耐火構造や甲種防火戸の用語の定義はその第1条に規定されている．

・昭和11年（1936年）9月11日制定の特殊建築物規則では，学校，住宅，百貨店について，防火区画の規定が継承され，学校は面積の規定はないが各階層と階段の区画を耐火構造とすることとし，共同住宅では300 m^2，（耐火構造の場合は600 m^2），百貨店では1500 m^2ごとの区画化が規定され，10000 m^2を超える百貨店の場合にはスプリンクラーの設備を要求している．

・昭和23年（1948年）10月27日制定の臨時防火建築規則では，その第12条で防火壁に関する規定があり，耐火構造や不燃材料による一定要件を満たした建築物を除いて，600 m^2以上の建築物には600 m^2ごとの区画を要求している．

2)-2. 現行の建築基準法に至るまでの変遷

・昭和25年（1950年）11月23日施行の建築基準法において，同施行令第112条に防火区画の技術的基準が示され，その後15回の改正を経て現在は平成17年12月1日制定のものが施行されている．以下に昭和25年以降の防火区画の法制度の変遷の概略内容を簡単にまとめる（図付.2.1参照）．

・昭和25年（1950年）11月23日施行の第112条の規定は，1項に1500 m^2の面積区画が規定され，2項は現在の12項，3項は現在の13項に相当し，異種用途区画に関するものである．

・スパンドレルなど層間区画に関連した項目は昭和31年（1956年）7月1日の改正で追記され，区画貫通部の措置2項目については昭和34年1月1日の改正で追加された．

・昭和34年（1959年）12月23日の改正では，面積区画に関連した記述が3項目追加された．簡易耐火建築物とした建築物について，500 m^2区画や1000 m^2区画とすべきものの規定がなされた．

・昭和39年（1964年）1月15日の改正では，高層区画の概念が入って，11階以上の階の面積制限が導

入された．原則100 ㎡とし，内装を強化することで200 ㎡，500 ㎡へ拡大を可能とした．

・昭和44年（1969年）5月1日改正で，第112条の1項に大きな変化が見られた．これまでスプリンクラー設備など自動消火設備を設置している部分の面積は，上記区画の面積制限を受けていなかったものが，この改正によってスプリンクラーの設置があっても，面積1500 ㎡を3000 ㎡の倍読みできるだけとなった．用途上の理由によるただし書きについては継承されている．また，この改正では，新たに竪穴区画に関する規定と防火設備に関する規定も導入された．

・昭和46年（1971年）1月1日改正では，竪穴区画に関する規定が細分化・強化された．併せて高層区画関連に1項追加され，防火区画に関する施行令第112条が最終的に現行の16項の体制となった．すなわち，1項から4項は面積区画，5項から8項には高層区画，9項は竪穴区画，10項と11項はスパンドレルなど層間区画，12項と13項には異種用途区画，14項は防火設備，15項給水管などの防火区画貫通部の措置，16項は風道の防火区画貫通部の措置となっている．

・平成12年（2000年）6月1日の性能検証法の導入による用語や検証方法に関する記述の変化である．基本的には，「部位などによって定められた要求耐火時間を満たすことを標準加熱試験によって確認されたものとしていた仕様規定」から「対象とする区画内で通常発生する火災に対して防火区画部材が一定の遮炎性，遮煙性，遮熱性，非損傷性を有すること」と規定し，検証方法を示した．ここでは，従来の区画に期待した性能である火炎や熱の遮断だけではなく，避難安全性との関連で煙の遮断も区画に期待する性能として明確になったことを強調しておきたい．

・平成13年（2001年）1月8日制定の建設大臣を国土交通大臣と読み替えただけの変更もあるが，最終的には平成17年（2005年）12月1日改正のものが現在施行されている．

	1項	2項	3項	4項	5項	6項	7項	8項	9項	10項	11項	12項	13項	14項	15項	16項
S25	○											○	○			
S26	面積区画									層間区画		異種用途区画				
S31										○	○				貫通部措置	
S34															○	○
S34		○	○	○												
S36					高層区画											
S39					○	○	○		竪穴区画					防火設備		
S44	△								○					○		
S46	スプリンクラー面積倍読み							○								
S49																
S56																
H5																
H6																
H12	●	●	●	●	●	●	●	● 性能規定の導入	●	●	●	●	●	●	●	●
H13																
H15																
H17																

図付.2.1 施行令第112条（防火区画の規定）の概略変遷図

2)-3. 法的な意味での防火区画の目的

以上より，建築基準法上では最初は防火区画の目的として，用途にかかわらず出火範囲の一部面積年（200坪以内＝600 ㎡）に火災をとどめて出火空間の所有者の損害を低減する（面積区画）こと，併せてその火災が他者への迷惑要因となることを避ける（異種用途という言葉が陰に隠れて表現しているが）ことにあったと見なせる．また，まだ技術的には現状に比べて貧弱であったであろうスプリンクラー設備など自動消火設備に対してその効能を多大な期待をして，設置していればその部分は面積の制限範囲に加えないとしている点は，単純に倍読みしている現在の法令よりもある意味では進んでいるとまでは言えなくても，ある程度思い切った適用とも言えよう．

次いでスパンドレル関連の規定の導入で，火災の被害を発生した空間に止めるとした時に最大の弱点となる外壁開口部を経由した上階延焼の防止策として，90cmのスパンドレルなどを設けることで，下の階で発生した火災の影響が上の階に及ぼさせないとする層間での区画概念である．下階の火災性状によっては，この規定では不満足であることは周知の事実である．

さらに，火災拡大経路として幾多の火災事例から各種設備配管・配線や工事で発生するだめ穴など区画貫通部の措置の不良がクローズアップされ，その手当てについても規定されたのであろう．さらに高層建築物の増加の時代を受けて，竪穴区画や高層区画の概念が順次導入されたと見なせ，昭和44年の大改正に至った．

いずれにしても，施行令が公布された当時は，現在のように複雑な用途の建築物や大規模や高層の建築物も少なかったことから，火災の影響範囲を建築物の用途が必要とする空間の大きさにとどめること（ただし書きで区切らなくてもよい用途を例示している）を主目的とし，ただし書き以外の用途で単一空間の面積がある大きさを超えた場合に防火壁により内部開口部の大きさをある範囲に制限することを前提に，貫通部などに防火上の弱点が発生しないことにだけ着目している．

上述のように法文上では，面積区画，異種用途区画，高層区画，竪穴区画などといった言葉は存在していない．したがって，本書においても，あえてこれらの呼び名は踏襲しない方がよいと考え，通称として簡単な解説にとどめることとしている．

性能検証法の導入は，空間の用途に着目して，それぞれの空間の火災性状の計算を前提として想定される火災に対して耐える区画性能の選択を可能とし，また，煙による避難困難さを回避することを意図した区画の性能的な設計も可能とした．

2)-4. 通称としての面積区画・竪穴区画・層間区画・異種用途区画

面積区画は，白木屋の火災（昭和7年（1932年））などの経験から床と壁によって火災をできるだけ小さい範囲にとどめることを目的としたもので，建築基準法が制定された昭和25年にそれまでの建築基準の値などを参考に直ちに導入された．また，異なる用途が隣り合った場合の火災危険を避けるために（厳しい火災性状を示す方の火災に対処できること），また，他の所有の部分への火災影響の排除の思想の下に異種用途区画も同時に制定されている．当時の脆弱な消防力を背景に財産の損失を最小限にとどめたいとの願いが法文に表れたものと考える．

上階への火災拡大防止を意図した昭和31年の層間区画に関する規定や工事の欠陥などが火災拡大経路

となることを危惧した昭和34年の区画貫通部の処理に関する規定なども財産の損失の意識が強い．

　これらに比べて，火災安全上大きな役割を果たす堅穴区画の概念が法文に現れたのは，ずいぶん遅れて昭和39年である．昭和25年以降この頃までは，それほど中高層建築物がなかったことから，階段室やエレベーターシャフトへの煙や火炎の侵入による危険は顕在化していなかったなどの理由で，高さ制限が撤廃された霞が関ビルの出現を前にしてようやく制定されたものと思われる．

付録3) 戦後の国内災害・防火安全略年表

戦後の国内災害・防火安全略年表

世紀	西暦	年号	概　要
20		昭和	
	1948	23	福井地震（M7．3）
		23	消防法制定
	1949	24	法隆寺金堂火災　→　昭和30年に文化財防火デー制定
	1950	25	建築基準法の制定
		25	各種壁体の耐火試験多数
	1952	27	十勝沖地震（M8．1）
	1956	31	建設省告示　柱、壁、床耐火試験による耐火構造指定
		31	建研に実大壁ガス試験炉設置
	1958	33	東京宝塚劇場火災（死者3、傷者25）　→　裸火の使用禁止場所制定
		33	東京タワー完成
	1959	34	建築基準法改正　－内装制限－
		34	建研に実大柱床耐火試験用重油炉設置
		35	チリ地震津波　→　防災の日制定
	1961	36	デッキプレート床の耐火試験
	1963	38	建築基準法改正　－高さ制限の撤廃－
	1964	39	（東京オリンピック開催）
		39	建築基準法施行令　高層区画
		39	建設省告示　耐火構造指定
		39	新潟地震（M7．5）
	1968	43	霞が関ビル竣工　38階建
		43	有馬温泉満月城火災（死者30、傷者44）
	1969	44	建築基準法施行令　常時閉鎖式防火戸
	1970	45	建築基準法改正　非常用エレベーター設置
	1972	47	大阪千日デパートビル火災　→　スプリンクラー設置強化
	1973	48	建築基準法施行令改正　→　竪穴区画煙対策強化、煙感知式防火戸等
		48	熊本大洋デパート火災（死者100、傷者124）
		49	建設省告示　遮煙ダンパーの試験方法
	1976	51	酒田市大火
	1980	55	サンシャイン60竣工
	1980	55	川治プリンスホテル火災（死者45、傷者22）
	1982	57	ホテルニュージャパン火災（死者33、傷者34）
	1983	58	日本海中部地震（M7．7）
	1987	62	東村山特別養護老人ホーム松寿園火災（死者17、傷者25）　→　スプリンクラー設置強化
		平成	
	1989	元	江東スカイシティ南砂火災（傷者6）　出火点は24階（高さ63m）
	1990	2	尼崎長崎屋尼崎店火災（死者15、傷者6）
	1991	3	東京靴流通センター火災（消防活動約100時間）
	1993	5	北海道南西沖地震（M7．8）
	1995	7	阪神・淡路大震災（M7．3）
	1996	8	広島市営アパート火災（8階～20階までの延焼拡大）
	1998	10	建築基準法改正　指定確認検査機関制度、性能規定化の導入
21	2001	13	新宿歌舞伎町明星ビル火災（死者44、傷者3）　→　自動火災報知設備設置強化
	2003	15	十勝沖地震（M8．0）
	2004	16	新潟県中越地震（M6．8）
		16	浦和市ドンキホーテ浦和花月店火災（死者3、傷者8）
	2006	18	大村市認知症グループホーム火災（死者7、傷者3）　→自動火災報知設備、スプリンクラー設置強化
	2007	19	宝塚市カラオケボックス火災（死者3、傷者5）
	2008	20	大阪市個室ビデオ店火災（死者15、傷者10）
	2009	21	渋川市老人ホーム火災（死者10、傷者1）
	2010	22	札幌市認知症グループホーム火災（死者7、傷者2）
	2011	23	東日本大震災（M9．0）
	2012	24	福山市ホテル火災（死者7、傷者3）
	2013	25	長崎市認知症グループホーム火災（死者4、傷者8）
			福岡市有床診療所火災（死者10、傷者4）

付録4）区画の不備による延焼火災事例

事例1　「配管貫通部の埋戻し不良により上階に延焼した火災」

　出火月時　1996年（平成8年）2月　13時ごろ

　用　途　等　共同住宅　耐火 7/0　延べ 1285 m²

　被害状況　部分焼1棟　6階居室 62 m²，7階居室内壁 2 m² 焼損

　火災概要　共同住宅の6階の居室から出火し上階に延焼したもの．

　出火原因　居室内にあった火の付いたガスストーブ上に，近くにあったピアノの上に載せられていた布製品が落下し，火災となった．

　区画要因　住戸ごとに防火区画された共同住宅の建物において，7階部分の改装工事を行った際に，配管を通すために床に開けた穴（直径約 60 cm）の埋戻しを怠った．その結果，6階天井を焼け抜けた火がこの穴を通じ，7階の床から内壁に延焼拡大し，7階の内壁 2 m² を焼損させた．

事例2　「ダクトを介して上階に延焼した火災」

　出火月時　1997年（平成9年）4月　21時ごろ

　用　途　等　飲食店舗，遊技場，寄宿舎　準耐火 3/1　延べ　360 m²

　被害状況　部分焼1棟　15 m²，壁体 10 m²，天井 10 m²，ダクト 8m 焼損

　火災概要　1階の飲食店（喫茶店）の厨房内から出火したもの．

　出火要因　飲食店の店長が厨房内でシロップを作るため，鍋に砂糖を入れ大型ガスレンジで加熱中，その場を離れ店内で作業していたため，鍋内のシロップが焦げて出火した．

　区画要因　炎はガスレンジ上方に設けられていた天蓋のグリスフィルターに付着していた油かすに燃え移り，さらにダクト内に延焼した．このダクトは防火ダンパーおよび断熱被覆が設けられておらず，また3階階段踊り場部分のダクトが破損していた．この破損箇所から炎が木造の壁内および踊り場の天井に達し，さらに火種が1階厨房の天井裏に落下し延焼している．

事例3　「床の埋め戻されていない箇所から上階へ延焼した火災」

　出火月時　2007年（平成19年）5月　7時ごろ

　用　途　等　共同住宅　耐火 9/0　延べ　2625 m²

　被害状況　部分焼1棟　8階 38 m²，9階表面積 6 m²

　火災概要　共同住宅8階居室から出火したもの．

　出火要因　火元者が喫煙し，毛布にたばこの火種が落下したことに気づかず就寝したため，無炎燃焼を継続し毛布に着火，出火したもの．

　区画要因　8階居室で発生した火災は 38 m² を焼損するとともに，9階スラブの埋め戻されていない穴（直径 15 cm）を経由し，上階へと延焼拡大した．

事例 4 「層間区画が埋戻しされていなかったため上階へ延焼した火災」
出火月時　2008 年（平成 20 年）3 月　3 時ごろ
用　途　等　共同住宅　耐火造 6/0　延べ　1222 ㎡
被害状況　部分焼 1 棟　3 階 30 ㎡　4 階 19 ㎡　天井 7 ㎡，内壁 5 ㎡　外壁 34 ㎡焼損
　　　　　死者 1 人（3 階出火室）
火災概要　共同住宅 3 階居室から出火し，上階の居室内へ延焼したもの．
出火原因　火元者の寝たばこにより出火したものと推定．
区画要因　共同住宅の 3 階居室から出火した火災は，4 階スラブの埋め戻されていない穴（直径 14 cm）
　　　　　を経由し，4 階の居室へ延焼，火災が拡大した．

事例 5 「耐火建築物の区画不十分な部分から上階へ延焼拡大した火災」
出火月時　2008 年（平成 20 年）4 月　23 時ごろ
用　途　等　飲食店，共同住宅等　耐火 5/1　延べ　264 ㎡
被害状況　部分焼 1 棟　4 階 33 ㎡，表面積 90 ㎡
火災概要　1 階飲食店の調理場から出火したもの．
出火原因　飲食店従業員が閉店後調理油を鍋に入れて大型ガスこんろにかけ，油が温まる間に電話をか
　　　　　けようとその場を離れたため，油が過熱して出火したもの．
区画要因　1 階飲食店の調理場で立ち上がった炎は，排気ダクト内へ延焼後，ダクト周囲に隣接した垂木
　　　　　に着火し，1 階天井裏から壁体内に延焼拡大した．その後，外壁と 2 階および 3 階床の層間区
　　　　　画との接合部の処理が不十分であったため，隙間を通じて火炎が上階へ達し，4 階部分の室内
　　　　　へ延焼拡大した．

事例 6 「配線貫通部の処理不十分で下階天井裏配線へ延焼した火災」
出火月時　2008 年（平成 20 年）5 月　12 時ごろ
用　途　等　遊技場　耐火造 3/1　延べ　241 ㎡
被害状況　部分焼 1 棟　3 階 1 ㎡　天井 10 ㎡　電気配線若干焼損
火災概要　遊技場 3 階事務室パソコンラック付近からから出火し，下階の天井裏に敷設されたコンピュ
　　　　　ータ電気配線へ延焼したもの．
出火原因　コンピュータ電気配線に係る電気的要因で出火したものと推定．
区画要因　遊技場 3 階事務室パソコンラック付近からから出火し，コンピュータ電気配線の 3 階床の区
　　　　　画貫通部における処理が不十分であったため，電気配線が下階である 2 階天井裏敷設部分まで
　　　　　延焼拡大した．

付録5) 火災安全性能の維持管理における課題

(火災安全維持管理小委員会)

5).1 建築ストック社会における火災安全性能

a) 建築ストック社会における維持管理

持続可能な社会の実現に向けて建築ストック活用の重要性が指摘されるようになって久しい．近年では，人口減少，財政縮小も加わり，学校をはじめとして公共建築の再活用，長寿命化への取組みも始まっている．また，魅力的な実践が紹介される機会も珍しくなくなっている．

しかし，耐震性能向上はもとより，既存不適格建築物の改善，用途変更を伴う改修，性能的火災安全設計による建物の維持管理など，適切な建築ストックの整備に向けて求められる技術的，手続き的な課題の解決は進んでいない．むしろ，建築ストックの整備が進むにつれて，課題がより広がり，より具体的に見えてきたが，認識されてきた段階にとどまっている．

建築ストック社会における維持管理は，必要な性能の維持・更新が継続的になされることが必須の課題である．このことは，建築物の維持管理の役割を変えていく．従来の維持管理は，建築物が一定期間存在する間の性能を維持すれば事足りた．建築ストック社会における維持管理は，建物の存在期間（寿命）を延ばすために，より積極的な役割を担うことになる．

b) 火災安全性能と維持管理

建物は，竣工時の状態に留まることなく，継続的に変化している．変化の内容は，内装の変更，用途変更や廊下，区画の変更から，日常的に発生する間仕切の変更まで変化はさまざまである．そして，竣工時に得られた建物の性能は，建物の所有者・管理者により，竣工後も適切に維持されることが求められている[注1]．これらの性能のうち，火災への安全性能は，日常の使われ方による影響が最も大きい性能の一つと言える．例えば，構造体に関わる性能は，日常的な使われ方の変化においては，積載荷重以外の要因による影響は少ない．一方，火災安全性能は，日常的に起こりうる間仕切や在館者数，室用途，内装材などの変化によって影響を受ける．このため，火災安全性能については，維持管理において継続的に確認することが必要となる．

本稿では，適切に整備された建築ストックの総体である持続可能な「建築ストック社会」の実現に向けて，火災安全性能の維持管理における3つの課題について報告する．

5).2 性能設計建築物の安全性能維持

a) 仕様設計と性能設計

火災安全性能維持は，仕様規定の下に設計（以降，仕様設計という）された建物，火災安全に関する性能規定の下に設計（以降，性能設計という）された建物に共通の課題であるが，後者においては，影響は特に大きな課題と言えよう．性能設計では，間仕切の位置や性能，在館者数，室用途，内装材などが，火災安全性能の検証の際に影響する要素となっているからである．

維持管理面から見ると，2000年の建築基準法改正以前の建築基準法第38条を適用した性能設計との大きな違いもこの点にある．以前の性能設計では，主に「共用部の避難施設のあり方」，「共用部と事務室との関係」に着目されており，事務室内の間仕切りの変化等が問題にされることは少なかった．しかし，現在の性能設計では，事務室内部の小部屋一つ一つの避難安全性能も性能設計の対象になっている．このた

め，日常的に生じる事務室内部の間仕切の変更に際しても，そのつど安全性能の確認が必要となった．

b) 維持管理から見た性能設計の特徴

間仕切壁や在館者数，室用途，内装材などに何らかの変化が生じる場合，避難安全性能の確認が必須であることは，仕様設計による建物，性能設計による建物のいずれにも共通である．違いは，その確認方法である．

仕様設計された建物の場合は，変更された内容が，法規等で規定されている仕様に適合していることを逐一確認することで，安全性能を確認できたとすることができる．例えば，防火防煙区画，歩行距離等が仕様規定された値を満足するか否かを確認すれば足りた．

しかし，性能設計による建物の場合は，少なくとも改修部分を含む居室全体の避難安全検証を行ってみなければ，法令が求める火災安全性能を確保できているか否かは判明できない場合が多い．つまり，法が要求する安全性能を竣工時と同じ安全性能を満たし維持できることは，計算により確認する必要がある．性能規定では，確保すべき性能，性能を確認する方法が規定されていることから，変更後，竣工時と同じ法が要求する安全性能を満たし維持できるか否かは，計算による確認が必要となるのである．さらには，変更による性能への影響が，検証を行った者以外にはわかりにくくなっている．

c) 維持管理から見た性能設計の課題

性能設計された建物の維持管理に際しては，以上のような特徴を理解して取り組む必要があり，仕様設計に親しんできた建物の所有者・管理者に対しては，説明が必要な内容であろう．本来は，設計者から説明がなされるべき事項であると考えるが，設計意図伝達書や貸方基準書にて具体的な記載がある事例は少ない．性能設計が有する維持管理から見た特徴や，火災安全性能を確認する方法が共有されていない状況にあることは否定できない．

また，建物の所有者・管理者が，性能設計が有する特徴を理解していたとしても，日常的に発生し，即，判断が求められる些細な変更についても，そのつど専門家である防火設計者に検討と計算を依頼することは，維持管理の実務上，困難な場合が多い．

果たして，性能設計された建物の火災安全性能は，適切に維持されるのであろうか．確認すべき火災安全性能とその確認方法が認識されていなければ，建築ストックとしての活用以前に，火災安全性能は，急速に劣化する．従来，親しんできた仕様設計と異なる特徴を有する性能設計の建物の火災安全性能を確認する方法を示すことなく，火災安全性能の維持管理を建物の所有者・管理者に求めるのは不親切であると言えよう．

日本建築学会防火委員会火災安全性能維持管理小委員会では，このような認識の下，性能設計による建物の竣工後の変更に対して，火災安全性能の維持を確認するための実用的な方法を示し，建物の所有者・管理者自ら法が要求する火災安全性能を有することを確認するためのガイドブックを 2012 年に刊行している[1]．性能設計による建築物の維持管理の一助となることを期待している．

5).3 既存不適格建築物の安全性能確保

a) 「既存不適格」の想定期間

建築基準法等が改正されたことにより，改正後の法規に抵触することになった既存建築物は，抵触項目を是正することなく「既存不適格」の建築物として引き続き存在することができる．建築基準法では，この不適格の状態がどの程度継続することを想定しているのだろうか．

建築物の法定耐用年数は，用途によって異なるが，鉄筋コンクリート造でも21年から50年である．鉄筋コンクリート造校舎は耐用年数47年に対して，実際に，おおむね42年で改築されている[2]．また，明治期以降の建築に関する法規の変遷を見ると，既存建築物を解体し，新築することで，衛生環境を改善し，安全を確保することが目的となっており，竣工後の状態への考慮は見られない．そして，市街地建築物法年（1924年）を継承した建築基準法でも，竣工後の状態への言及は，限定的である．明治期以来，既存建築物を解体し，新築することで，衛生環境を改善し，安全を確保することの目的は，建築基準法の前提として無意識に引き継がれてきたのではないかと思われる．このように考えると，「既存不適格」の状態が数十年間継続する事態は想定されていないと推察される．「既存不適格」の状態は，建替え前の一時的な状態に留まるとして容認されてきたと考えるのが妥当ではないだろうか．

しかし，実際には，建築基準法（1950年制定）ができた1950年以前に建設された建築物で現在も使われている建築物は，すでに約65年間，不適格な項目がある状態のまま使われている可能性が高い．果たして，この状態が健全といえるのだろうか．仮に，既存不適格状態の建築物の火災により多数の死傷者が発生したとする．「建物所有者は不適格状態であることを知りながら30年間是正してきませんでした」と報道されたとき，「不適格状態で使い続けることは建築基準法で認められている」との主張が，社会的批判にどこまで耐えられるだろうか．歴史的建築物の存在がステイタスになる百貨店，大学などでは，それらの存亡に直結する課題であろう．

建築ストック社会では，建築物の寿命は，少なくとも法定耐用年数で最長の50年を超える．また，2013年3月には，文部科学省から校舎の改築は法定耐用年数を超えることを勧める報告書がでており，地方公共団体によっては70年，80年としていることが紹介されている[3]．建築ストック社会に向けて，「既存不適格」の取扱いに新しい考え方が必要となってきている．

b)「既存不適格」の是正方法

是正方法は，法規どおりの仕様または性能を確保できるように改修することが前提となる．

防火区画は，鉄筋コンクリート造等の建築物であれば，一般に建具の交換，付加で是正可能であり，改修例を見る機会も少なくない．防煙区画・排煙は，おおむね，①内装の不燃改修による適用除外，②外壁窓の交換による自然排煙，③機械排煙設備付加を検討することになる．内容によって改修程度，費用の幅は広いが，いずれの場合も，大規模改修の際には，防火改修として別途費用が必要となる内容は少ない．課題意識を持っていれば，改修の機会はあると考えられる．

しかし，実際に改修設計を進めると実現不可能と判断せざるとえない事例，是正する意味があるのか疑問を抱かざるを得ない事例があることも事実である．そして，これらは稀な事例ではない．2000年（平成12年）の建築基準法第38条の削除による既存不適格建築物と歴史的建築物について報告する．

＊旧38条建築物

2000年以前に建築基準法第38条を適用して実現した建築物（以下，旧38条建築物という）は，2000年の改正を機に一斉に既存不適格建築物となった．旧38条建築物は，1980年代後半から1990年代にかけて，超高層建築物を含め急増する．そして，これらの建築物は，2000年を機に，「既存不適格建築物＝古い建物」というイメージを大きく変える既存不適格建築物になった．

旧38条建築物には，加圧防煙の採用，耐火被覆の低減，アトリウムやガレリアといった吹抜け空間の防火区画・面積区画の緩和をした建物は多い．これらの是正は，現実的なのだろうか．改正による検証方法にて再検証すれば，大きな改修を伴うことなく是正が可能ではないかとの期待感もあるが，実際に試みる

と課題は非常に多い．加圧防煙では，押出し排煙による可能性の検討が進められているが，耐火被覆では火源を任意に設定できなくなったので，現状で可となる可能性は低い．是正には，内装をすべて撤去する必要がある．アスベストを含む耐火被覆材の除去では実施されているが，自主的実施は期待できないのではないだろうか．

さらに，面積区画については，是正がほぼ不可能といえる．改正による検証方法では，面積区画の緩和は対象外となった．検証による解決は不可能なのである．既存のアトリウムやドーム，大型展示場を3,000㎡以下ごとに防火区画するのは，現時点では技術的にも困難と思われる．

一方で，費用面，技術面で改修が進められない状況が続くと，良好なストック形成に支障が出ることが懸念される．事務所，商業施設の場合，既存不適格のままでいると，テナントによっては入居を避ける．賃料も抑制される傾向となり，長期的には不良ストックとなる可能性を否定できない．全国の都心部にある大型建築物が不良ストック化することは大きな社会的損失である．良好な建築ストック形成の視点から，旧38条建築物の既存不適格を是正するための限定的な評価方法，評価手続きを整備すべきであろう．

改正直前まで適格だった建築物が，2000年を境に，火災安全面で好ましくない状態になったのであろうか．建物が変わっていないのであれば，性能は変わらない．改正により，より高い性能が必要となったのであれば不適格は止むを得ない．しかし，検証方法，手続きが変わっただけであれば，実質的な安全に支障があるとは言えない．検討の余地はあるのではないか．

**歴史的建築物

近年，歴史的建築物[注3)]を保存活用して，一般の建築物と同様に使い続ける事例が増えている．防火に関する改修を行っていない限り，これらの大半は既存不適格の状態にある．これに対して歴史的建築物は保存を優先すべきであり，安全のためであっても改変は好ましくないとする考え方がある．しかし，見学利用中心の従来の歴史的建築物とは異なり，一般の建築物と同様に利用される建築物においては，安全性能維持の責任は，一般の建築物と同様に，所有者または管理者にある．安全確保のための改修は必須であると考えるべきである．

ここで問題となるのが，次の時代に私たちの歴史を継承するための保存と安全性能確保のための改修との両立である．日本工業倶楽部会館，明治安田生命館，早稲田大学大隈記念講堂，東京駅をはじめとして，地域を代表する歴史的建築物には，好例も増えてきている．また，日本火災学会では，歴史的建築物の防火性能確保のための指針づくりも始まっており[3)]，鉄筋コンクリート造の歴史的建築物については，既存不適格を解消する具体的な提案もされている．

しかし，意匠保存との関係を調整できない事例は多く残る．例えば，木造3階建てや廊下幅，階段幅が不足する宿泊施設での既存不適格状態の改修が困難であることは，容易に想像できるであろう．歴史的建築物が火災安全性能の不足を理由に活用されず，解体されることは私たちにとって大きな損失である．歴史的建築物を対象とした安全評価の方法，手続きの整備は，是非，必要である．

築後50年を経た建築物は登録文化財の対象となる．つまり，1964年の東京オリンピックの頃に竣工した建築物は対象となる．歴史的建築物とは，特殊な古い建築物とは限らないのである．いま，身近で使われている建築物も含まれる．これらが不良ストック化することを避け，次の世代に引き継ぐためにも整備が必要である．

なお，建築基準法第3条の適用により，重要文化財と地方公共団体指定の文化財は，建築基準法の対象とはならない．つまり，既存不適格とはならない．しかし，利用のための安全性能の確保は求められる[4)]．

また，手続きも整備されておらず，自治体指定の文化財建造物で適用されたのは，数例に留まっている．さらに，全国に広く存在する登録文化財には適用できない．

5).4 施設管理者の防災リテラシー向上

火災安全性能維持のための技術的な方法や手続きを整備しただけでは，性能維持には不十分である．性能を維持するのは，最終的には人の日々の判断と行動である．つまり，施設管理者や利用者の防災リテラシーの向上が重要となる．防火扉や防火シャッターの役割を知らなければ維持はできない．作動障害となるモノが置かれ，故障していても是正されない可能性は高まる．また，知っていても，火災時の火炎や煙を想像できなければ行動は不十分となろう．このような状態では，施設が法規にすべて適合していても，安全性能の維持は危ぶまれる．

一方で，既存不適格により一部の性能が劣っても，その内容が周知され，万一の際にとるべき行動が訓練されていれば，行動によりある程度補うことも可能であろう．例えば，昭和初期の建築物で階段に「防火扉」はあるものの，閉鎖は手動であったとする．火災発生時には防火扉を閉めてすみやかに避難することが訓練されていれば，被害を抑えることは可能と考えられる．ただし，「防火扉」があるのであれば，意匠保存と両立する防火改修は容易であるので，自閉式に改修する方が望ましい．

防災リテラシー向上に必要な防災教育は，これまで意識されてこなかったのではないだろうか．備えられた防火性能を有効とするために防災教育の充実も必要である．

5).5 むすび

縮小社会において，建築の長寿命化，ストック化は，実現が急がれている課題である．性能維持がされていない建築物，更新が容易ではない建築物では，魅力が低下し，利用活用が消極的となり，不良ストックとなっていく可能性が高い．長寿命化，ストック化の実現に向けて，火災安全性能の維持は，重要な役割を担う．

本稿では，性能設計建築物，既存不適格建築物，防災リテラシーの視点から，課題の所在，対応策について述べた．この根底にある意識は，明治期以降，新築を前提としてきた建築関連法規に対して，建築ストック社会の実現には，建築を使い続けるための法規とする視点が必要であるということである．

既存建築物の活用に対しては，新築とは，別の法規で対応することで火災安全性能を維持している国も少なくはないが，これらの国々は，建築を使い続けることが前提となっている．建築ストック社会の実現には必要な概念であることを示しているのではないだろうか．

最後に，課題を指摘するだけの時代は終わりにして，広い分野の方々と連携して，解決に向けて具体的に行動すべき時代になっていると感じている．

参 考 文 献

1) 日本建築学会：火災安全性能維持管理の手引き－避難安全検証による建築物の維持管理と簡易確認方法－，2012
2) 学校施設の在り方に関する調査協力者会議：学校施設の老朽化対策について－学校施設における長寿命化の推進－，2013.3
3) 日本火災学会：文化財建造物の火災対策指針とその解説，2013
4) 松本大平,八木真爾ほか：歴史的建築物の保存活用における建築基準法3条適用の実際－旧露亜銀行横浜支店の保存利活用を事例として－，日本建築学会大会学術講演梗概集　歴史・意匠，No.9327，2013

[注]

1) 建築基準法第8条に示されている.
2) 7.1.1～7.1.2は，参考文献1)を基にに執筆した.
3) 本稿では，戦前，1945年以前に竣工した建築物とする.

参照

本稿は，火災安全維持管理小委員会で八木真爾（株式会社佐藤総合計画）らが執筆した上記参考文献を基に八木真爾が再執筆したものである.

付録6) 乾式工法の隙間からの煙漏洩

6).1 検討の背景

　東京都内では，1960年代に集中的に整備された都市機能が更新時期を迎えつつあり，急速に大規模再開発が進められている．こうした中で高層建築物に着目すると，2007年（平成19年）中には，東京都内において，超高層建築物と呼ばれる100m超の建築物は297件，そのうち200m超の建築物が16件に達し，その数は年々増加傾向にある．一方で，防火上の関係規定は，高さ31mを起点とした建築物に対し基本的に一律に考えられており，例えば，31m級と200m級の建築物における火災安全対策に明確な違いがあるわけではない．建築物が大規模高層化する中で，超高層建築物の特性による危険性を把握し，必要な火災安全対策のあり方を整備することが課題の一つであるといえる．

　こうした社会情勢の中，平成19年4月に東京都内の超高層建築物において竪穴区画を構成していた区画から他の区画へ煙が漏洩した事例が発生した．この火災事例は，エレベーターシャフトの上部に位置するエレベーター機械室が火元であったが，この機械室に隣接する室（空調機械室）の感知器が先に作動したため，出火場所の特定や安全確認などの消防活動に時間を要したというものである．

6).2 竪穴の乾式工法の在り方について

　防火区画や竪穴区画については，建築基準法施行令第112条において規定されている．これらの区画の要求性能は耐火性能，準耐火性能の定義において非損傷性（耐力壁に限る），遮熱性，遮炎性（非発炎性）が明示されている．しかし，遮煙性能については，一部の区画に設ける開口部（排煙設備に係る防煙区画の開口を含む）に用いられるシャッター等の防火設備について要求性能とその試験方法が昭和48年建設省告示第2564号（改正平成13年国土交通省告示第66号）の告示で示されているのみである．壁などの区画構成部材は，そもそも煙漏洩等は想定されていないと考えられ，その要求性能や性能の確認方法等は明示されていないのが現状である．

6).3 調査研究の構成と概要

　従来，隙間処理については，建築工事標準仕様書（JASS）に示された方法（ロックウールの充填等）により処理されていた．そのため，標準構法による施工によっても圧力が生じるような状況がある場合に煙漏洩することが考えられ，こうした影響を考慮した上で，煙漏洩量を定量的に把握することを目的とした検証実験を実施したのちに，超高層建築物の竪穴区画（避難階段・エレベーターシャフト）から煙が漏洩した場合の拡散状況をシミュレーションにより検証する．

6).4 乾式工法の隙間量把握のための検証実験

乾式工法による竪穴区画を構成する材料としては，ALCパネル，押出成形セメント板，ガラス，せっこうボード＋軽量鉄骨材が挙げられる．検証実験の試験体には，ALCパネルと押出成形セメント板を採用した．実際の施工状況により隙間等が生じると考えられる部材の取合い等を再現し，パネルのみ，パネルどうしが直行する場合，デッキとの取合い，H型梁との取合いの計4種類の試験体により，考えられる隙間処理を再現した．さらに隙間充填材の種類を変え，計17の試験体により検証実験を行った．検証実験は，昭和48年建設省告示2564号（前述）の遮煙性試験に用いられる試験装置を使用し，試験体の前後に任意の圧力差を発生させた時の実験体を通過する空気の量（漏気量）を測定した．また，圧力差と漏気量の関係を $Q=a\times\Delta P^{1/n}$ の式で回帰させ，最終的には試験体面積に対する隙間面積の割合として流量係数 α を算出した．

ここで， Q:漏気量(m^3/h)， ΔP:圧力差(Pa)， a:通気率((m^3/h)/Pa年 $(1/n)$)，
　　　　 n:隙間特性値(無次元)

試験結果の一部を表付.6.1に示す．

a) パネルどうしが並行して結合する場合の縦目地隙間に係る漏煙の検証（実験Ⅰ）

試験体 1-①～④の結果から，目地部のシーリング処理の有無により漏気量に大きな差が生じることが明らかとなった．シーリング処理を行った実験体1-②，1-④は，圧力差200Paで漏気量は測定限界値（0.4m^3/h）程度で隙間係数は0.000001となり，ほとんど漏気がない．一方，目地部に処理がない実験体1-①では圧力差20Paでも漏気量9.7～9.8m^3/h(隙間係数0.00016)，実験体1-③では86.5～103.2m^3/h（隙間係数0.00138）と，かなりの漏気が認められた．この結果から，ALC板及び押出成形セメント板の板自体からの漏気はほとんどなく，漏気の原因箇所がほぼ目地部であることが明らかとなった．

b) パネルどうしが直行して結合する場合の間隙に係る漏煙の検証（実験Ⅱ）

実験体Ⅱ-①～Ⅱ-⑤の結果から，圧力差20Pa時における漏気量は0.00010m^3/h程度（隙間係数0.00010）であり，20mm幅の隙間に充填する充填材の種類，密度の違いによる大きな差は認められなかった．

表付 6.1 試験体の見付面積あたりの隙間係数（流量係数）

試験体		仕様	通気方向	試験体 2310×2310 A(cm²)	隙間係数 α (-) 圧力(Pa)			
					20	60	100	200
シールの効果	ALCパネル等同士が並行して結合する場合の縦目地隙間に係る漏煙	ALCパネル (シールなし)	裏表面から	53,361	0.00016	0.00019	0.00022	0.00025
			表面側から	53,361	0.00015	0.00019	0.00020	0.00023
		ALCパネル (シールあり)	裏表面から	53,361				0.000002
			表面側から	53,361				0.000001
		押出成形セメント板 (シールなし)	裏表面から	53,361	0.00120	0.00136	0.00144	0.00156
			表面側から	53,361	0.00138	0.00151	0.00157	0.00166
		押出成形セメント板 (シールあり)	裏表面から	53,361				0.000001
			表面側から	53,361				0.000001
充填剤の効果	ALCパネル同士が直行して結合する場合の間隙に係る漏煙の検証	ALCパネル ロックウール (40kg/m³)	裏表面から	53,361	0.00012	0.00017	0.00019	0.00023
			表面側から	53,361	0.00012	0.00016	0.00019	0.00023
		ロックウール (80kg/m³)	裏表面から	53,361	0.00011	0.00014	0.00016	0.00020
			表面側から	53,361	0.00011	0.00014	0.00016	0.00019
		ロックウール (120kg/m³)	裏表面から	53,361	0.00010	0.00014	0.00016	0.00019
			表面側から	53,361	0.00010	0.00013	0.00015	0.00018
		セラミックウール (64kg/m³)	裏表面から	53,361	0.00011	0.00014	0.00016	0.00019
			表面側から	53,361	0.00010	0.00014	0.00015	0.00018
		セラミックウール (96kg/m³)	裏表面から	53,361	0.00010	0.00013	0.00014	0.00017
			表面側から	53,361	0.00009	0.00012	0.00013	0.00015
		シャッター等（参考：19.6Paで0.2m³/(分m²)以下）			0.00058	昭和48年建設省告示第2564号		
		防音気密扉 JIS A 4702	等級A-4(*1)		0.00019			

6).5 シミュレーション

区画には相当量の隙間が生じることが明らかとなった．その結果から，シミュレーションにより，気密性の低い室が竪穴区画の上部で繋がっている場合，下層部からの気流により上部の圧力が上昇し，他区画に煙が拡散する危険性が懸念される．そこで，エレベーター壁に乾式工法を用いた場合の火災時のエレベーター(以降，EVと略す)シャフトを介しての漏煙の危険性について，実験により確認された乾式工法の気密性データを基にシミュレーションにより検証する．

検討ケースは，以下の2つである．

① 大規模火源年（25MW）を超高層建物の各所で発生させ，建物各部，特に最上階廊下への影響を検討する．

② 小規模火源(400kW)を超高層ビル最上階EV機械室で発生させ，最上階廊下への影響を検討する．

使用プログラムと解析モデルを以下に示す．

a) 1層ゾーンモデル

温度：居室・廊下 22℃，機械室・シャフト 16℃，外気 0℃

解析モデルを図付.6.1，開口部等の条件を表付 6.2 に示す．

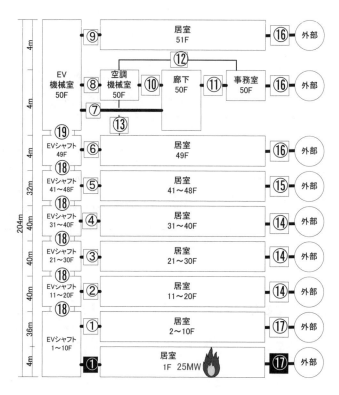

図付 6.1　解析モデル

表付 6.2　開口部条件

開口番号	50階建物 流量係数 α(−)	面積 A(m²)	有効面積 αA(m²)	備考
①	0.0001	89	0.354	ALC壁
	0.05	7		EV扉
①	0.0001	320	2.837	ALC壁
	0.05	56		EV扉
②〜④	0.0001	320	3.182	ALC壁
	0.05	63		EV扉
⑤	0.0001	256	2.546	ALC壁
	0.05	50		EV扉
⑥	0.0001	32	0.318	ALC壁
	0.05	6.30		EV扉
⑦	0.0002	60	0.013	ALC壁
	0.0002	4.20		PAT注2)
⑧⑨	0.0002	12	0.002	ALC壁
⑩	0.01	2	0.020	防火扉
⑪	0.01	8	0.080	防火扉
⑫⑬	1.0	0.25	0.250	空調ダクト
⑭	0.0001	11,200	1.120	外壁
⑮	0.0001	8,960	0.896	外壁
⑯	0.0001	1,120	0.112	外壁
⑰	0.7	6	4.312	扉(開放)
	0.0001	1,120		外壁
⑰	0.0001	10,080	1.008	外壁
⑱	3.42	53	179.697	EVシャフト間注3)
⑲	0.7	4	2.800	EV機械室-シャフト間

注1) 開口番号は図−1に対応
注2) パーフェクトエアタイト扉
注3) EVシャフト上下間開口は幅15m×奥行き3.5m，流量係数3.4
注4) ALC壁の隙間量は実験結果(その2参照)による。
　　 その他流量係数は「建築物の総合防火設計法第一巻p56」参考に設定

6).5.1 大規模火災の検討結果

大規模火災が発生した場合，火災室温度は400℃以上となる．火災室が低層階の場合，煙突効果によりEVシャフトに高温空気が流入し，火災室と同一レベルのシャフト内温度を上昇させるが，非火災階からの空気流入により高温空気は希釈され，シャフト上部の空気はほとんど上昇しない（図付.6.2）．

最上階(50階)廊下でも温度上昇は見られない．火災室が高層階の場合，シャフト内に高温空気は流入せず(Case 4,5)，最上階(50階)廊下でも温度上昇は見られない．

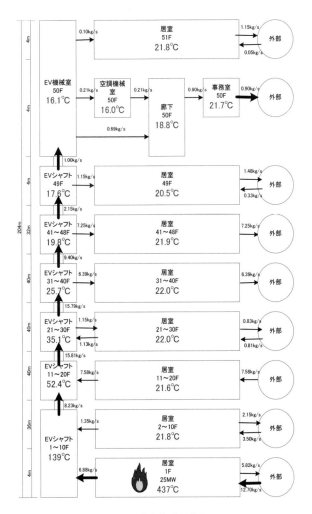

図付 6.2 1階火災時の状況

6).5.2 最上階EV機械室での小規模火災の検討結果

最上階 EV 機械室で小規模火災が発生した場合，EV シャフトからの煙突効果が背圧となり，火災室内の高温空気を各所に押し出す結果となる．50階廊下温度は，EV機械室壁がALC版(隙間係数0.0002)の場合29℃，押出セメント版(隙間係数0.0012)の場合44℃に上昇する（図付.6.3（1））．隙間をシール(隙間係数≒0)した場合，温度上昇は0.4 Kである（図付.6.3（2））．

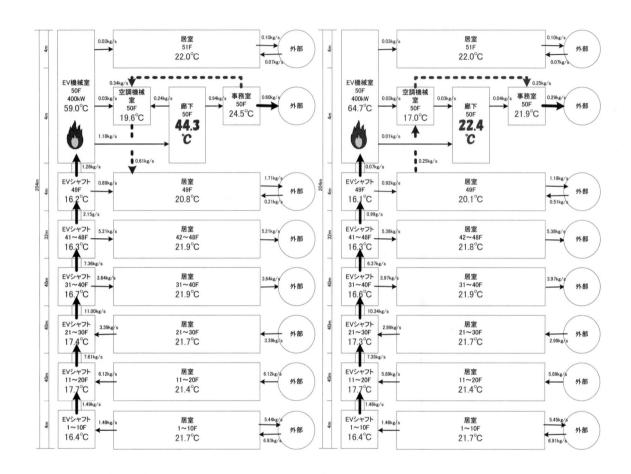

(1) EV 機械室壁が押出しセメント版の場合 　　　　(2) EV 機械室壁をシールした場合
　　（隙間係数 0.0012）　　　　　　　　　　　　　　　　（隙間係数≒0）

図付6.3　50階EV機械室で小規模火災（400kW）が発生した場合のシミュレーション

6)-6 まとめ

検証実験から乾式工法による区画には相当量の隙間が生じることが明らかとなった．その結果から，シミュレーションにより，気密性の低い室が竪穴区画の上部で繋がっている場合，下層部からの気流により上部の圧力が上昇し，他区画に煙が拡散する危険性が検証された．このことから，乾式工法による区画の目地処理等により，竪穴上部の機械室等の気密性を確保することが重要である．

付録7) 鉄筋コンクリート造歴史的建築物の保存活用における防火区画

7).1 はじめに

　大正期から昭和初期に建設された鉄筋コンクリート造歴史的建築物（以下，RC 造歴史的建築物という）は，従前の用途のままで使い続けられている場合，または，保存活用の際も不特定多数の利用が想定される場合が多い．つまり，一般の建築物と同様の用途で使われているので，RC 造歴史的建築物とはいえ，保存が主目的の文化財の建物とは異なり，火災安全の確保が必要となる建物といえる．そこで課題となるのが，歴史的価値の保存と火災安全の確保の両立である．火災安全確保には，既存の改変は不可避だが，RC 造歴史的建築物の場合は，歴史的価値を損なうことなく，改変を行うことが必要となる．しかし，このための改修方法は定まっておらず，費用もかかりすぎるという誤解から既存不適格のまましてしまう，または，解体してしまうという事態が少なからず起こっている．

　本稿では，歴史的価値の保存と防火性能の確保の両立を実現している事例を基に，近代歴史的建築物の活用における火災安全対策（防火）について報告する．

7).2 火災安全設計の課題

a) 保存活用に求められる視点

　　近代歴史的建築物の大半は，既存不適格状態にあるが，保存を優先すべきとする視点から安全性能のための改変は抑えるべき，また，不適格状態の解消を求められない改修であれば，安全性能のための改変は必要ないとする考え方もある．

　　しかし，既存不適格とは解消されることを前提に暫定的に許されている状態であり，本来，すみやかに解消されるべき状態である．また，建物の安全性能の維持は，建物の所有者，管理者の責任となっており，これは，RC 造歴史的建築物においても変わらない．安全性能に起因する事故が生じた際は，RC 造歴史的建築物でも所有者，管理者は責任を問われる．RC 造歴史的建築物だから安全性能を確保しなくても可とする考え方は，この点で説得力がない．

b) 主な既存不適格事項

　　RC 造歴史的建築物において，既存不適格となっている可能性が高い事項を表付 7.1 にまとめた．このうち，意匠保存との両立の検討が必要となる代表的項目は，次の6項目である．

　① 耐火構造

　　RC 造であっても，延焼線内にある開口部は既存不適格となる可能性が高い．

　② 防火区画

　　通常，不適格状態である．主階段や吹抜けのある玄関など意匠上重要な空間に是正が必要な場合が多い．

③ 防煙区画

　天井が高いためたれ壁が形成され，部屋ごとに成立している場合も少なくない．

④ 排煙設備（自然排煙）

　室面積に対し窓が小さい，高天井のため窓の排煙有効面積が不足するなど，不成立の場合が少なくない．

⑤ 避難施設年（2方向避難）

　成立事例は少なくない．日常利用の必要からの複数設置と思われる．

⑥ 避難施設（階段幅）

　主階段は広く，副階段で不足する例がある．踊り場が狭い例も見られる．

　以上のうち，①は広い敷地では問題なく，⑤および⑥は成立している事例も珍しくない．②，③および④は検討が必須である．本稿では，この3項目のうち，②防火区画（竪穴区画，面積区画）の改修方法について述べる．他の項目は参考文献5)を参照されたい．

7).3　防火区画の改修方法

7).3.1　竪穴区画（階段）

　昭和初期には用途によっては，階段区画の規定があった[1]．また，規定がなくても区画が推奨されていた[注1]．建設当時の区画位置の確認，活用は改変による影響の抑制に有効である[2]．

表付 7.1　建築基準法に係る典型的な不適格事項

	項目	根拠法令	条項	概要	歴史的建物への影響・対応策等
集団規定	2項道路の後退	基準法	第42条	前面道路が4m未満の場合の対応	境界後退を要する場合、斜線制限等注意 壁面が越境する場合、保存には曳家が必要
	用途地域	基準法	第48条	用途地域による建築用途の制限	建築基準法48条許可申請により許可を受けられる場合もある
	高さ制限	基準法	第55条第1項	一低住専地域又は二低住専地域における建築物の高さは10m又は12mとする	建築基準法55条許可申請により許可を受けられる場合もある
	道路斜線	基準法	第56条1号	建築物の高さは地域又は地域及び容積率の限度に応じ、前面道路の反対側の境界までの水平距離に定数を乗じたもの以下とする	既存不適格事項に対する許可規定がない 地区計画等により再規定も手法としてはある
	隣地斜線	基準法	第56条2号	一低住専地域、二低住専地域を除く地域においては、建築物の高さは隣地境界線までの水平距離に定数を乗じて得たものに定数を加えたもの以下とする	既存不適格事項に対する許可規定がない 地区計画等により再規定も手法としてはある
	北側斜線	基準法	第56条3号	住居専用地域内においては、建築物の高さは前面道路の反対側の境界線又は隣地境界線からの真北方向の水平距離に1.25を乗じたものに定数を加えたもの以下とする	既存不適格事項に対する許可規定がない 地区計画等により再規定も手法としてはある
	日影規制	基準法	第56条の2	商業地域、工業地域、工専地域を除く地域においては、中高層の建築物の高さは日影の測定面に生ずる冬至日の日影が条例で指定する時間以下となるようにする	建築基準法56条の2第1項ただし書の規定に基づく許可により許可申請により許可を受けられる場合もある
	高度地区	都市計画法	第9条第17項	都市計画により指定	都市計画変更、地区計画等も手法としてはある
単体規定	防火設備	基準法	第2条第9の2号	外壁の開口部で延焼のおそれのある部分には制令で定める防火設備等を設ける	スチール建具の場合はガラス交換で対応も可能。性能改修も必要な場合、アルミ製建具での復元もある。一団地申請で解消する方法もある。
	耐火建築物	基準法	第27条第1項第1号	3階以上の特殊建築物は耐火建築物とする	RC造では問題がない場合が多いが、以下要注意 ・屋根がRCで無い場合 ・竣工後改修などにより当初図面と異なる仕様となっている部分もあるので現地調査で要確認
			第61条	防火地域内においては3階以上または100㎡を超える建築物は耐火建築物とする	
			第62条	準防火地域内においては4階以上または1500㎡を超える建築物は耐火建築物とする	
	階段の寸法	基準法施行令	第23条	用途により幅、けあげ、踏面の寸法が決められている。多くの用途で幅1200mm以上、けあげ200mm以下	主階段で幅が不足する場合は少なくない。手すりや壁や突起部の改変、避難経路とせず別途階段追加、避難安全検証による緩和を受ける方法がある。
			第24条	踊場の踏幅は1200mm以上	不足する場合が少なくない。階段等の新設、躯体の部分解体（構造補強共）を伴う工事が必要。
	居室の採光及び換気	基準法施行令	第28条	居室の種類によって採光・換気の制限をうける	開口面積の改変は外観上、通常困難。設備で対応できない場合は、部屋の奥行きなど居室面積を縮小することでのみ対応可
	防火区画	基準法施行令	第112条第1項	耐火建築物は1500㎡以内ごとに防火区画する	防火設備、耐火壁により区画を行う必要有。壁は既存壁（RC）で可の場合が多い。既存鋼製建具は部分改修で可の場合もある。防火設備を付加する場合は、保存レベルの下位部を利用する。竪穴区画、階段区画は、避難安全検証により緩和する方法もある。
			第112条第2項	準耐火建築物は500㎡以内ごとに防火区画する	
			第112条第9項	竪穴区画	
			第112条第13項	異種用途区画	
	廊下の幅	基準法施行令	第119条	用途により廊下の幅員が規定されている	不足する場合、壁や柱を改変する、外壁外部に通路を付加する方法がある。
	直通階段	基準法施行令	第120条	直通階段までの歩行距離が規定されている	不足する場合は外部階段の新設する方法がある。避難安全検証は適用できない
			第121条	2以上の直通階段が必要な建築物	既存階段の幅員の不足により直通階段とみなされないこともある。その場合は、外部階段の新設もしくは既設階段の改修などにより対処する必要がある
	避難階段	基準法施行令	第122条第1項	5階以上に通ずる直通階段は避難階段又は特別避難階段とする。	避難階段とする必要がある場合、壁、開口部の制約が厳しくなるので注意、歴史的建築物では特別避難階段とする必要がある場合はない
			第123条第1項1号	耐火壁で囲む必要がある。設けられる開口は、階段出入口、同項に示された開口に限られる。	踊場からトイレ等へ繋がる出入口がある場合、トイレの移転も必要となる。許容される以上の開口は塞ぐ必要がある。5階以上となる可能性が高い事務所、百貨店は注意
			第123条第1項2号	避難階段の内部仕上は下地とも不燃材料とする	壁腰に木材を使っている場合、高さが1200mmを超える場合注意が必要
	排煙設備	基準法施行令	第126条の2第1項	特殊建築物で500㎡を超えるもの、3階以上で500㎡を超える建築物には排煙設備を設ける	開口部上部の下がり壁寸法が大きい場合が多く、自然排煙不可の事例は少なくない。その場合は緩和規定かもしくは機械排煙設備により対応する必要がある。緩和規定を使用する場合は天井、壁の下地が木製となっている場合もあるので、既存建物の壁、天井の仕様の確認が必要となる
	非常用照明	基準法施行令	第126条の4	特殊建築物の居室、3階以上で500㎡を超える建築物の居室、1000㎡を超える建築物の居室、廊下、階段には非常用の照明装置を設ける	付加の必要あり。隠蔽できない場合歴史的意匠との共存が要検討
	非常用進入口	基準法施行令	第126条の6	建築物の31m以下にある3階以上の階には非常用の進入口を設ける	開口寸法不足等で対応できない場合建具の撤去・新設が必要となる。早期の確認が必要。なお、車両が近づけない場合、非常用EVを付加する場合は不要
	内装制限	基準法施行令	第129条第1項	特殊建築物は居室の内部仕上を難燃材料以上とする	RC部は通常モルタルまたはしっくい仕上げが多く、問題になることは少ないが、下地が木製内装の場合もあるので既存の仕様のチェックが必要。木製腰がある場合は高さの確認が必要。排煙の緩和規定の考え方にも影響するので、内装制限とあわせて確認が必要
				特殊建築物は廊下、階段の内部仕上を準不燃材料以上とする	
		基準法施行令	第129条第4項	3階以上で500㎡を超える建築物、2階で1000㎡を超える、1階で3000㎡を超える建築物は居室の内部仕上を難燃材料以上とする	
				3階以上で500㎡を超える建築物、2階で1000㎡を超える、1階で3000㎡を超える建築物は廊下、階段の内部仕上を準不燃材料以上とする	
	シックハウス	基準法	第28条の2	居室の建築材料は制令で定める技術的基準に適合したものとする	建材については、既存部分で問題になることはない。換気は空調計画での対応となるが、空調設備のルート確保の手法は既存改修の最も大きな課題となる
				居室には換気設備を設ける	

出典：谷口直英，八木真爾；歴史的建築物における主な既存不適格事項と対応策－RC造歴史的建築物の保存活用における防災計画年（1）－，日本建築学会大会学術講演梗概集，2013

a) 既存「防火扉」の活用

建設当初からの防火扉が設けられている場合，既存扉を活用する．群馬県旧庁舎では召合せ部を改修し，煙感連動閉鎖装置を付加し活用した[2]．

b) 既存「防火シャッター」の活用

建設当初から防火シャッターが設けられている場合，シャッターボックスやレール納まりを活用することで改変範囲を抑えることができる．

c) 既存建具の交換

階段に面する扉が木製の場合は，意匠を復元した防火設備に交換することで，視覚的には当初の空間を維持できる．早稲田大学大隈記念講堂（重文）大講堂の扉は，この方法で改修している．

d) 防火設備の新規付加

防火設備を付加する場合，内装を全面改変する場合を除き，保存との関係に十分注意する．

位置：各階ホールと階段が一体の場合，防火設備を付加しても階段意匠への影響を回避できる位置は図付7.1である．ただし，両者を同一区画で可とする協議が必要である．

意匠：階段に防火設備を直接付加する必要がある場合，「真実性」（(7).4.1a) 参照）の視点から付加したことが明確に伝わる意匠とする必要がある．例えば，既存意匠に「似せる」のではなく，「対比」する方法がある．これは，既存の歴史的意匠に対して，改修部に全く異なる現代的な素材，形状，意匠を用いることで新旧を対比する方法である．写真付7.1は「対比」の例である．

e) 性能設計（避難安全検証）

避難安全検証で区画を回避する方法である[注3]．日本工業倶楽部会館が最初の適用例である．

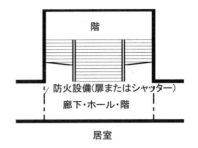

図付7.1 階段と防火設備付加位置

写真付7.1 防火設備・耐火壁の付加例
ガラス防火設備：階段に面する居室との区画（図中①）
耐火壁：中央アーチ付壁（図中②）

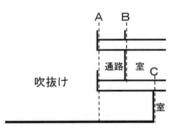

図付7.2 吹抜け部分と他の部分（断面）

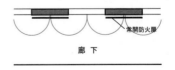

図付7.3 壁柱背面に防火設備を収納
廊下側の保存程度は低下するが吹抜け側は維持可能

7).3.2 竪穴区画（吹抜け）

「吹抜けの部分と他の部分」を防火防煙区画することを求めている規定である．ただし，「吹抜けの部分と他の部分」の境界位置の判断は，利用状況，断面形状によって異なり，かつ，意匠，改修方法に大きく影響するので，建築主事と十分な協議が必要である．以下に図付.7.2 に示す断面構成のもとで考えられる区画形成の方法について示す．

a) 防火設備の付加（図付 7.2 の B，C に付加）

既存壁が耐火壁であれば，前記 1）a．c．の方法を利用でき，かつ，吹抜け空間に直面しないことから意匠への影響を抑えることが可能である．

b) 防火設備の付加（図付 7.2 の A に付加）

シャッター：ケースを隠蔽する場合，天井が下がり，レールを隠す壁等がない場合，露出となるなど，意匠上の課題が大きい．

常開防火扉：収納部を設ける壁がある場合，吹抜けからの景観は維持可能である（図付.7.3）．

ガラス防火設備：手すり等から後退した位置で，かつ，「対比」とすることで影響を軽減する．

耐火壁：機能面で壁付加が可能，かつ「対比」手法が可能な場合，可能である（写真付.7.1）．

c) 利用規制による適用

吹抜けに面する諸室を封鎖，通路を点検用とするなど，竪穴区画の対象外とする方法である．

d) 性能設計（避難安全検証）による適用除外

避難安全検証により法規の適用を除外する方法である[注4]．改修後の利用の制約に注意する．

7).3.3 面積区画

床面積 1500 ㎡以下ごとに耐火壁と防火扉等（特定防火設備）で囲む必要がある．階段区画と同様に，昭和初期に面積区画の規定や認識はあった[1]．当時の防火区画を確認，活用することで改変を抑えることができる．

a) 階段区画による自然成立

階段区画により，各階が 1500 ㎡以下の防火区画となる場合，面積区画は自然成立する．この方法で改修された群馬県庁旧庁舎での実施が具体的に報告されている[2]．

b) 階段区画と部屋区画

階段区画に加え，小部屋を防火区画することで 1500 ㎡以下ごとの区画を実現する方法である．小部屋の既存扉が鋼製の場合も少なくなく，自閉装置の付加等により既存活用が可能な場合が多い．木製扉の場合，意匠を継承した新規防火扉に交換することも比較的容易である．

c) 共用部への防火設備付加

廊下に防火設備を設けて階を分割する方法である．位置によっては意匠上の影響が大きい．

d) 区画面積緩和時の注意

スプリンクラーによる緩和は可能だが，配管隠蔽の際は，天井の撤去復元が必要となり，露出の際も意匠上の課題が大きい．天井を更新する場合等を除き，費用負担が大きい．

7).4 火災安全設計の進め方

7).4.1 改修方法の選定

a) 保存活用に求められる「真実性」

歴史的建築物の修理等の際に重視されている概念に真正性(オーセンティシティ)というヴェニス憲章(1964年)に示された考え方がある．これは，オリジナルをそのまま遺すべきとする考え方である．私たちには，歴史的建築物を次の世代にも受け継ぐ責任がある．このため，推測による修復は行わない，付加した部位は明確に伝わることなどとされている．火災安全性能確保においても，同じことが求められる．

e) 部位別保存方針を踏まえた改修計画

前記7).3で述べた改修方法は，任意の部位で利用可能とはならない．対象部位での改変を許容できる程度によって選択可能な方法は異なる．上記a)を踏まえ，部位別保存方針による方法を提案する．

ⅰ）部位別保存方針の設定

安全のために改変は避けられないが，方法は多様にある．一方，保存については，オリジナルのまま遺すべき部位と改変を許容できる部位とがある．改変を許容できる部位にて改変を行うことで保存と安全確保の両立は可能と考えられる．

ⅱ）部位別保存方針の例

登録有形文化財では，外観主要面を除き，内外とも全面的改変も可としている．内外という大変大きな区分であるが，部位別に保存方針を定めている典型である．また，RC造で最初の重要文化財となった明治生命館では，保存を優先する程度を3段階に分け，改変を許容する程度を定めている．これによりオフィスとしても機能する重要文化財を実現している．

ⅲ）部位別保存方針の意識化と共有

部位別保存方針を定め，改変を許容する程度を決めることは，従来も行われてきた方法であるが意識して建物全体で計画的に行うことでより効果的な方法となる．また，部位別に設定することで，わかりやすくなり，関係者が情報を共有して協議を深めることが可能となる[4]．

7).4.2 保存方針と改修方法の設定例

保存方針は建物ごとに定める．建物の評価は，建物ごとに異なり，一律に定められるものではない．例えば，重要文化財であれば原材料，製造方法，工法の復元まで求める保存方針もありえるが，登録有形文化財に対しては意味がない．また，同一の建物においても，さらに部位別にも保存方針を定める．重要文化財であっても，建物の隅々まで高い保存程度が必要とは限らない．改変は保存程度が低い部位とし，高い部位での改変を行わない工夫をする．

部位別保存方針の設定例を以下に示す．実施に際しては，個別に協議して設定する．

a) 保存方針A

基本方針：オリジナルの状態を維持する．

補修復元：原則，オリジナルの材料工法による．

機能付加：原則，隠蔽とする．隠蔽するために壁天井等を撤去した場合は復元する．

防火改修：防火設備を付加しない対応が原則となる．

① 当該部位で対応

既存防火扉等の活用，性能設計により適用を除外する（面積区画を除く）．

② 隣接部位の利用

隣接部の保存方針がB，Cの場合，隣接部位との境界近傍に防火設備を付加する．

③ 適用除外の利用

建築基準法第3条を適用する（重要，指定文化財に限る）．なお，適用除外となっても，利用に即した安全対策は求められる．

b) 保存方針B

基本方針：原則，オリジナル状態を維持する．

補修復元：現行同種の材料工法も可とする．

機能付加：意匠考慮した露出付加も可とする．

防火改修：当該部位で対応する．上記①～③で示した方法が可能である．選択肢が多いので検討の幅が広がる．

c) 保存方針C

基本方針：オリジナルの保存を求めず．

補修復元：工法材料共，オリジナルへの配慮は不要である．

機能付加：新築と同様の意匠での実施が可能である．

防火改修：一般建物と同様の改修が可能である．

上記の保存方針と改修方法の関係を表付7.2に示した．

表付7.2 部位別保存方針と改修方法の関係

	保存方針	A	B	C
	改変要点	原則不可	意匠考慮で可	可
階段区画	既存「防火扉」活用	○	◎	○
	既存「防火シャッター」活用	○	○	○
	既存建具交換	△	○	○
	防火設備新規付加	×	△	○
	性能設計（避難安全検証）	◎	○	×
吹抜区画	防火設備付加・吹抜奥面	-	-	-
	・既存「防火扉」活用	○	◎	○
	・既存「防火シャッター」活用	○	○	○
	・既存建具交換	△	○	○
	・防火設備新規付加	×	○	○
	防火設備付加・吹抜前面	-	-	-
	・シャッター付加	×	○	○
	・常開防火扉付加	×	△	○
	・ガラス防火設備付加	×	△	○
	・耐火壁付加	×	△	○
	利用規制による区画回避	◎	○	×
	性能設計（避難安全検証）	◎	○	×
面積区画	階段区画による自然成立	○	○	○
	階段区画と部屋区画	○	○	○
	共用部への防火設備付加	×	△	○
防煙区画	既存成立	◎	◎	○
	垂れ壁付加	△	△	○
	性能設計（避難安全検証）	◎	○	×
排煙設備	免除規定適用	◎	◎	◎
	自然排煙・既存成立	◎	◎	◎
	自然排煙・建具改修	×	△	×
	機械排煙設備付加	-	-	-
	・ダクト隠蔽	○	○	×
	・ダクト露出	×	△	○
	性能設計（避難安全検証）	◎	○	×

凡例 ◎：好ましい ○：問題ない △：状況によっては可 ×：採用付加 -：対象外

7).5 むすび

RC造歴史的建築物における火災安全の改修方法を示すとともに，部位別に保存方針を定め，それに対応する改修法を選択することで，歴史意匠と安全改修の両立を可能とする方法を示した．今後，より実践的な検証を加えていきたい．

参考文献

1) 八木真爾，角幸博；建築基準法施行以前の建築法規にみる防火区画規定，日本建築学会計画系論文集，76巻，660号，pp.503-512，2011

2) 八木真爾，角幸博；登録有形文化財（建造物）群馬県庁本庁舎の改修方法と改修工事概要，日本建築学会技術報告集し，22号，pp.507-512，2005

3) 高等建築学 第7巻 一般構造 耐火構造，常盤書房，1933

4) 八木真爾；鉄筋コンクリート造歴史的建築物の活用保存における改修方法の検討プロセスに関する研究，博士論文

5) 文化財建造物の火災対策指針とその解説，日本火災学会，2013

［注］

1) 参考文献3)には現在の防災区画と同様の考え方が示されている．

2) 建設時，防火区画規定はなかったが（参考文献1) 参照），竣工パンフレットに防火目的で鋼製扉を設けたことが記されている．

3) 煙拡大前に避難が終了すれば，区画を設けなくて可とする方法．

4) 煙上階へ広がる前に避難が終了すれば，区画を設けなくて可とする方法．

参照

本稿は，「文化財建造物の火災安全対策とその展望」（日本火災学会）で八木真爾（株式会社佐藤総合計画）が執筆した「近代歴史的建築物の活用とその安全対策」を基に八木真爾が再執筆したものである．

付録 8) 区画に係る消防機関の主な指導事項

(2014 年（平成 26 年）2 月東京消防庁発行)

ここに示す指導事項は，東京消防庁の火災予防上の行政指導要領である「予防事務審査・検査基準」を参考に，防火区画等に係る内容を記載したものである．各消防本部により異なる場合があるため，実際の設計にあたっては，計画地区を管轄する消防本部に確認することが望ましい．

I 防火区画
 1 面積区画
  (1) 百貨店，マーケット等の売場で，一の階の売場面積がおおむね 1000 m² 以上のものは，2 以上の区域に区画すること．この場合の区画は煙の拡散を防ぐためのものであるから，ガラススクリーン（線入ガラスのはめ殺し等），煙感知器の作動と連動して閉鎖する防火設備，その他防煙上これと同等以上のものとする．
  (2) 駐車の用に供する部分が地階に存する場合には，当該部分に泡消火設備等の自動消火設備が設けられた場合であっても，おおむね床面積 1500 m² 程度以下ごとに防火区画を設けること．なお，この場合，当該防火区画ごとに 2 以上の避難経路を確保すること．
  (3) 駐車の用に供する部分が地階に存する場合，当該部分に避難階段等の避難施設が直接面する場合には，当該避難施設に防火区画された前室を設けること．
 2 竪穴区画
  (1) ダクト，配管類が防火区画の床を貫通する場合，可能な限りダクトスペース等を設けその中に入れること．
  (2) 百貨店，マーケット等のエスカレーター周囲の防火区画にあっては，通行に必要な部分を除いて，エスカレーターの側面部分は可能な限り耐火構造の壁とし，防火シャッターで区画する場合はガラススクリーン（線入ガラス等）を併設すること．
  (3) 全館避難安全検証法を行うことにより，竪穴区画の適用除外が認められた階段，吹抜けであっても，竪穴区画を設置すること．
 3 風道及び防火ダンパー
   防火ダンパーの煙感知器は，間仕切壁等で区画された場所で当該ダンパーに係る風道の換気口等がある場合は，壁（天井から 50cm 以上下方に突出した垂れ壁等を含む．）から 60cm 以上離れた天井等の室内に面する部分（廊下等狭い場所であるために 60cm 以上離すことができない場合にあっては，当該廊下等の天井等の室内に面する部分の中央の部分）に設けること．なお，図付.8.1 のような場合，当該風道の吹出口又は吸込口がある部分のいずれの感知器の作動によっても閉鎖すること．

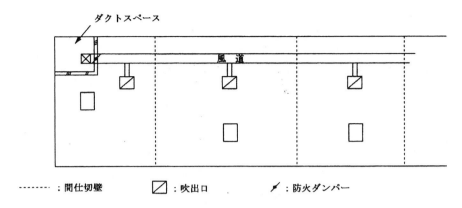

図付 8.1 風道と換気口

4 その他
(1) 消防法施行令別表第1(5)項イのホテル等の宿泊室と廊下とを準耐火構造の壁で区画し，開口部には防火設備を設けること．
(2) 建築基準法施行令第114条第1項で共同住宅等の各戸を耐火構造の壁で区画する場合，同第112条第10項及び第11項に基づき，区画する界壁が接する外壁部分（90cm幅）を耐火構造とし，当該部分にある開口部には防火設備を設けるか，50cm以上突出した耐火構造のひさし若しくはそで壁を設けること．
(3) 防火区画を構成する防火設備（防火戸）は，原則として常時閉鎖式とすること．ただし，防火対象物の使用形態の関係から，当該防火戸の開閉が頻繁に行われるなど，常時閉鎖式防火戸の設置が難しい場合には，防火戸の閉鎖に障害がないように配慮の上，随時閉鎖式又は連動機構付きの常時閉鎖式のものとすること．

II 排煙計画
(1) 防煙区画部分はできるだけ単純な形状とすること．
(2) 防煙区画を垂れ壁で行う場合，接する防煙区画部分の排煙方式は相互に同じものとすること．
(3) 自然排煙方式の防煙区画部分と機械排煙方式の防煙区画部分とが接する場合，接する部分の区画方法は垂れ壁による区画とせず，完全な間仕切壁による区画とすること．この場合の区画に設けるドアは自動閉鎖装置付きとすること．
(4) 防煙区画は，廊下等の避難経路と他の室（火災の発生・拡大する危険性のないものを除く．）とを同一の区画としないこと．

III カプセルホテルに係る防火安全対策
カプセル型ベッドを用い，人を宿泊させる宿泊所（消防法施行令別表第1(5)項イに該当するものに対する指導事項
(1) 宿泊室は，200 ㎡（スプリンクラー設備が設置されているものにあっては 400 ㎡）以内ごとに耐火構造若しくは防火構造とした壁で区画すること．
(2) 前記(1)の区画に設ける窓，出入口等の開口部には，常時閉鎖式防火設備若しくは随時閉鎖するこ

とができ，かつ，煙感知器の作動と連動して閉鎖する防火設備を設けること．
(3) 宿泊室は，上下階と耐火構造の床若しくは壁又は特定防火設備若しくは防火設備（閉鎖機構は前記(2)によるものとする．）で区画された階に設けること．

Ⅳ　社会福祉施設・病院等に係る防火安全対策

主として障害者や高齢者が多数入所している社会福祉施設及び病院等（消防法施行令別表第1(6)項イに掲げる防火対象物で入院施設を有するもの，(6)項ロ及び(6)項ハに掲げる防火対象物，同表年(16)項イに掲げる防火対象物の入院施設を有する(6)項イ，(6)項ロ及び(6)項ハの用途に供する部分その他これらに類する防火対象物）における人命安全の確保を最優先とした指導事項

1　出火防止対策
(1) 喫煙場所は他の部分と区画し，必要に応じて「喫煙所」の旨の掲出を行うこと．
(2) 寮母室及びナースステーションでの火気使用を制限するとともに，努めて火気使用器具は設置しないこと．なお，火気使用器具の設置が必要な場合は，当該設置部分を防火区画等すること．また，書類等の可燃物を保管する部分も努めて同様に区画すること．

2　延焼防止対策
(1) 火気使用室及び多量の可燃物を収納するリネン室及び倉庫等は，防火区画すること．
(2) 各入居室相互の壁は，建築基準法施行令第114条第2項に定める防火上主要な間仕切り壁（以下，「防火上主要な間仕切り壁」という．）で区画すること．〔＊〕
(3) 防火上主要な間仕切り壁の開口部は，不燃材料製の扉等（ガラス部分は，線入板ガラス又は網入板ガラスとする．）を設けること．〔＊〕
(4) 入居室の廊下に面する出入口扉は，随時閉鎖でき，かつ，煙感知器と連動して閉鎖する機構とすること．〔＊〕

3　避難対策
(1) 各階ごとに水平避難が可能なように，ゾーン区画を行うこと．なお，ゾーン区画相互は，耐火構造の壁，床及び防火設備等で区画すること．ただし，バルコニーのみで水平避難を行うものは，バルコニーに面する開口部に防火設備（線入板ガラス入り戸可）を設けること．（水平区画とは，同一階においてブロックごとのゾーン区画に分け，一つのゾーン区画から次のゾーン区画へ避難することをいう．）〔＊〕
(2) 手術室，分娩室及び重症患者集中治療看護室等は，出火時に患者が手術等により早期に避難ができないことから，当該室内に籠城することが可能なように防火区画すること．〔＊〕
〔＊〕：(6)項ロに掲げる防火対象物に対して特段に配慮する項目

Ⅴ　鉄道ターミナル駅に係る防火安全対策

鉄道ターミナル駅（消防法施行令別表第1 (10)項に掲げる車両の停車場（鉄道の用に供するものに限る．以下同じ．）及び同表(16)項に掲げる防火対象物のうち同表(10)項に掲げる車両の停車場で，当該車両の停車場内に存する常設店舗等の床面積の合計が1000 m²以上のもの）等に対する指導事項

1 コンコースに設ける仮設店舗等の設置抑制

　コンコースに仮設店舗等を設置した場合，当該仮設店舗等で火災が発生すると直ちに避難経路が閉ざされ，避難を一層困難にする状況となることが懸念されるため，コンコースに仮設店舗等を設置しないよう努めること．やむを得ずコンコースに仮設店舗等を設置する場合は，当該仮設店舗等に自動消火設備等を設置する，防火区画をするなど，延焼拡大を防止するよう措置すること．

2 連続型店舗等の防火区画

(1) 連続型店舗等は，床面積（スプリンクラー設備等で自動式のものを設けた部分の床面積の2分の1に相当する床面積を除く．）の合計500㎡以内ごとに建築基準法施行令第115条の2の2第1項第1号に掲げる基準に適合する準耐火構造の床若しくは壁又は建築基準法第2条第9号の2ロに規定する防火設備で建築基準法施行令第112条第14項第2号に定めるもので区画すること．

(2) 前記年(1)に基づき区画する場合は，当該区画が鉄道ターミナル駅の利用客の避難を妨げることのないよう検討して計画すること．

Ⅵ 倉庫に係る防火安全対策

　倉庫（消防法施行令別表第1年(14)項に掲げる防火対象物及び小規模な倉庫室形態のものを除く物品庫等として供される次に例示する部分）に対する指導事項

　　〔例〕ア　飲食店の物品庫等
　　　　　イ　物品販売店舗の調理室，パッケージ室等
　　　　　ウ　病院等の調剤室，測定室等
　　　　　エ　食品工場の作業所，食品庫等
　　　　　オ　精密機械工場，医薬品工場のクリーンルーム等
　　　　　カ　冷蔵倉庫，冷凍倉庫，定温倉庫等
　　　　　キ　卸売市場の食品庫等
　　　　　ク　研究機関等の実験室，測定室等
　　　　　ケ　その他上記アからクまでに類する部分

1 防火区画の設置

(1) 倉庫は，建築基準法施行令第112条第1項に規定する「用途上やむを得ない場合」においても，原則として床面積1500㎡以内ごとに防火区画を設けること．

(2) 延焼拡大防止のため，竪穴区画は他の部分と防火区画をすること．

(3) 防火区画は，耐火構造の壁・床で設けることを原則とし，防火設備（防火戸・防火シャッター）を設ける場合は，必要最小限の範囲に限定すること．

(4) 倉庫に付属する事務室・湯沸室等については，集積場所との間に防火区画を設置すること．

2 可燃物の集積・防火戸の管理等

(1) 可燃物は，防火設備（防火戸・防火シャッター）からおおむね1m以上離して集積すること．

　　※　放射熱による他の防火区画への延焼拡大を抑制するとともに消防活動に必要な空間を確保するため，可燃物は防火区画を構成する防火設備（防火戸・防火シャッター）からおおむね1m

以上離して集積し，床には集積制限のための色分け表示等の措置を行う．
(2) 防火区画（面積区画）を構成する防火設備で，使用勝手上やむを得ず防火シャッターを多用する場合は，延焼拡大の抑制のためシャッター冷却用としてドレンチャー設備を設置すること．
(3) 防火シャッターで区画される部分の床には色分け明示を行うこと．
　　※　集積場所では，あらゆる場所に物品が存置されやすく防火シャッターの確実な閉鎖を維持することは困難である．防火シャッターにより閉鎖される部分の床には，閉鎖障害を防止するため色分け表示の措置を講ずるとともに，自動閉鎖装置等の機能点検を励行して確実な機能を維持することは困難である防火シャッターにより閉鎖される部分の床には，閉鎖障害を防止するため色分け表示の措置を講ずるとともに，自動閉鎖装置等の機能点検を励行して確実な機能を維持する．
(4) 防火設備（防火戸・防火シャッター）は，作業のために必要がある場合を除き閉鎖すること．

3　避難安全対策

荷さばき，分別等を行うなど作業所的要素が高い集積場所において防火シャッターにより区画した部分には，くぐり戸を併設する等により2方向避難を確保すること．

VII　住宅等に係る防火性能向上策

建物火災の多くが発生している，一戸建て住宅，併用住宅（住戸の部分に限る．），長屋及び共同住宅（住戸の部分に限る．）に対する指導事項

(1) 各階の階段又は階段に通じる廊下と室の部分の間は，火災時の接炎により直ちに炎が貫通するおそれのない間仕切壁又は戸（建築基準法施行令第136条の2第8号の区画と同程度の防火性能を有するもの．）で区画することが望ましい．
(2) 建築物の一部に住宅用途以外の用途に供する部分（車庫，店舗等）を有する場合には，住宅の用途以外の用途に供する部分と住宅の用途に供する部分とを準耐火構造の床若しくは壁又は防火設備で区画することが望ましい．

VIII　高層の建築物

非常用エレベーター及び特別避難階段が法令上必要とされる高層の建築物に対する指導事項

1　面積区画
(1) 一の防火区画には，居室のいずれの部分からも2以上の方向へ避難ができる経路を確保すること．ただし，おおむね200㎡以下の場合はこの限りでない．
(2) 防火区画に防火設備（防火戸）を設ける場合は，当該防火戸の上部におおむね30cm以上の耐火構造の垂れ壁（小壁）を設けるものであること．
(3) 防火区画に設ける防火設備（防火シャッター）は，内のり幅が6.5m以下であること．

2　避難経路等の区画
(1) 廊下と居室等とは耐火構造又は不燃材料の壁で区画し，当該壁の開口部には，常時閉鎖式（煙感知器連動の閉鎖機構を含む．）の防火戸を設けること．ただし，当該区画が建築基準法施行令第

112条の防火区画を兼ねる場合にあっては，法令で定める耐火性能を有するものであること．
　(2)　おおむね高さ 100 m を超える建築物にあっては，中間階に設ける空気調和設備機械室，バルコニー等は火災時の一次避難場所として使用できるよう当該部分を耐火構造の床及び壁又は特定防火設備（防火戸）で区画すること．なお，この場合，当該機械室は直接外気に開放されている部分を有し，かつ，当該室から下階に避難できる固定はしご等を設けること．
　(3)　避難階において，下階に通じる階段の出入口と上階に通じる階段の出入口は共用しないものであり，耐火構造の壁又は特定防火設備（防火戸）で区画されていること．
 3　竪穴区画
　(1)　特別避難階段，非常用エレベーターの昇降路及び排煙シャフトを除き，建築物の全階層にかかる竪穴を設けないものであること．
　(2)　非常用エレベーターを除き，エレベーターはおおむね 15〜20 階層単位にバンク分けを行うこと．
　(3)　エスカレーターは，3 階層以上に通じないことを原則とし，当該エスカレーター部分の防火区画は，乗降面にあっては遮煙性能を有する防火設備（防火戸），その他の面にあっては網入りガラス，線入りガラス及び防火設備で区画すること．
　(4)　パイプシャフト，電線シャフト等は竪穴区画の他に努めて各階ごとに床に相当する部分で，耐火性能，防煙性能を有する材料でふさぐこと．なお，当該部分には，延焼防止上有効な措置を行ったものを除き多量の電線ケーブルをグループ化して設けないこと．
　(5)　換気，暖房及び冷房設備の風道は，努めて階を貫通しないこと．ただし，耐熱処理した金属ダクトによる新鮮空気供給用風道及び余剰空気用風道にあってはこの限りでない．
　(6)　前記(5)によりがたい場合は，多層階にわたらないよう数階層ごとに水平区画を設け，エレベーターバンク等と竪穴の系統を合わせること．
　(7)　その他，竪穴区画の壁の構造については，前記1 (2)によること．

Ⅸ　高架下建築物等
　鉄道，道路等に使用される高架工作物の高架下に設けた店舗，事務所，倉庫その他これらに類する建築物その他の工作物に対する指導事項
　(1)　防火区画はできるだけ各構えごとに行うこと．やむを得ない場合にあっても用途ごとの区画を行うこと．
　　ただし，消防法施行令第 12 条で定める基準に適合するスプリンクラー設備が設けられている場合はこの限りでない．
　(2)　連続式店舗にあっては，東京都建築安全条例第 25 条及び第 26 条の規定が適用される．

Ⅹ　乾式工法を用いた防火区画等の煙等漏えい防止対策
　建築物の高さが 100 m を超える建築物の部分で，エレベーターシャフト（これと一体となるエレベーター機械室を含む．），パイプシャフト，ダクトスペース，屋内直通階段等の竪穴区画を構成する区画

壁又は二酸化炭素，ハロン1301等の人体に悪影響を及ぼす消火剤を放射する不活性ガス消火設備，ハロゲン化物消火設備等を設置する建築物の部分で，消火剤が放射される防護区画を構成する区画壁のうち，乾式工法を用いているもの（モルタル塗り，プラスター塗り，せっこうボード張り等により仕上げがなされている場合など漏えいの可能性が低い区画壁を除く．）に対する煙等の漏えい防止を目的とした指導事項

(1) ALCパネル等のパネル間及びALCパネル等と床スラブとの間の目地部分には，シーリング材等を充てんすること．

(2) ALCパネル等の出隅部及び入隅部の目地，外壁又は柱等とALCパネル等との取合い部分等（目地として10mmから20mm程度の間隔を設ける部分）には，幅50mm（押出成形セメント板にあっては30mm）以上，厚さが目地幅の1.2倍程度の耐火目地材（セラミックファイバー，ロックウール等）を圧縮して充てんしたうえ，目地部分にシーリング材を充てんすること．

(3) シーリング材は，JIS A 5758（建築用シーリング材）によること．また，種類は，被着体に応じたものとすること．

(4) シーリング材は，施工に先立ち別記（略）による接着性試験を行うこと．ただし，同じ材料の組合せで実施した試験成績書がある場合には，試験を省略することができる．

(5) ALCパネル等と他の部材（デッキプレート又は梁）との取合い部分についても，煙等の漏えいを防止する措置を講ずること．

(6) シーリング材を目地部分，ALCパネル等の出隅部及び入隅部，外壁，柱等とALCパネル等との取合い部分等に充てんする場合は，次によること．

　ア　シーリング材は，火炎にあおられるなどの影響によりはく離，脱落等するおそれのない面（平成12年5月建設省告示第1440号「火災の発生の恐れの少ない室を定める件」に定める室以外の室（以下「火災室」という．）に面しない面をいう．）側に施すこと（区画壁の両面とも火災室である場合には，シーリング材を両側の目地に充てんすること．）．

　イ　目地にシーリング材を施す場合には，パネル目地の動きに追従できるように，ボンドブレーカーを目地底に設けるか，又はバックアップ材を目地部へ充てんすることによる二面接着とすること．ただし，目地部分に伸縮，ずれ等の挙動が生じる可能性が小さい場合には，三面接着とすることができる．

(7) 指導対象の区画壁は，すべての階を対象とすること．ただし，屋外に面する壁にあっては，この限りでない．

(8) ALCパネル等の表面上に部分的に煙等の漏えい防止上有効な仕上げがなされている場合であっても，当該仕上げがなされていない部分（目地部が露出している部分）には漏えい防止対策を講ずること．

(9) ALCパネル等の区画壁が天井まで達している場合，天井裏以外は仕上げ（下地処理）がなされていても，当該天井裏で仕上げがなされていない部分には漏えい防止対策を講ずること．

(10) ALCパネル間の目地にモルタルを充てんする工法（国土交通大臣官房官庁営繕部の公共建築工事標準仕様書（建築工事編）（平成19年版）8章，4節ALCパネルに定める間仕切り壁パネル取付け工

法種別のD種，ALC協会の「ALC取付け構法標準・同解説（平成16年版）」に定めるアンカー筋構法など）によるパネル間目地も本指導基準の対象であること．

(11) シーリング材のはく離，脱落等の有無を，建築基準法第12条第1項の規定による調査等の機会と併せて調査し，漏えい防止対策の維持管理に努めること．

XI 防耐火ガラスを用いた消防活動拠点等の安全対策

消防活動拠点等（避難階段の階段室，特別避難階段の付室，非常用エレベーターの乗降ロビーその他これらに類する場所をいう．）の室内に面する壁又は開口部に，防耐火ガラス（遮熱型防耐火ガラスのうち，国土交通大臣が耐火構造（建築基準法第2条第7号に規定する耐火構造をいう．）として認定したものを除く．）を用いる防火対象物におけるより安全な消防活動及び避難を目的とした指導事項．

「防耐火ガラスを介したふく射熱等の算出に係る計算式」（別添1参照）に基づき算出した結果（防耐火ガラスからのふく射熱が 2kW/㎡以上となる範囲）を設計者等に提示するよう求めるとともに，次のすべてに適合する計画とするよう指導すること（別添2参照）．ただし，床面から防耐火ガラス開口部の下端までの高さが1.8m以上の場合は，この限りでない．

1 避難階段の階段室の室内に面する壁又は開口部に防耐火ガラスを用いる場合

階段及びその踊場のうち，防耐火ガラスからのふく射熱が 2kW/㎡以上となる範囲を除く部分において，建築基準法施行令第23条に規定する幅員を確保すること．

2 特別避難階段の付室の階段室以外の室内に面する壁又は開口部に防耐火ガラスを用いる場合

(1) 特別避難階段の付室のうち，防耐火ガラスからのふく射熱が 2kW/㎡以上となる範囲を除く部分において，消防活動拠点等に必要な床面積（建築基準法施行令第123条第3項第11号に規定する床面積から階段室の床面積を差し引いた床面積（5㎡未満の場合は5㎡））以上を確保すること．

(2) 防耐火ガラスからのふく射熱が 2kW/㎡以上となる範囲において，建築基準法施行令第123条第3項第7号の窓及び同項第9号の出入口が存しないこと．

3 非常用エレベーターの乗降ロビーの室内に面する壁又は開口部に防耐火ガラスを用いる場合

(1) 非常用エレベーターの乗降ロビーのうち，防耐火ガラスのからのふく射熱が 2kW/㎡以上となる範囲を除く部分において，消防活動拠点等に必要な床面積（建築基準法施行令第129条の13の3第3項第7号に規定する床面積（非常用エレベーター1基について10㎡））以上の床面積を確保すること．

(2) 防耐火ガラスからのふく射熱が 2kW/㎡以上となる範囲において，非常用エレベーターの開口部（扉等）が存しないこと．

別記

接着性試験について

接着性試験は，次のいずれかにより，いずれかによるかは特記による．特記がなければ，簡易接着性試験による．

1 簡易接着性試験
(1) 接着体は，実際の部材又は化粧見本とする．
(2) 次の図により，セロハンテープを張り，プライマーを塗布する．
(3) 角形バックアップ材を取り付け，セロハンテープ面とプライマー塗布面にシーリング材をシールし，シーリング材が弾性を発現するまで硬化させる．
(4) 硬化後，次の図のように，シーリング材を180°回転させ，手で引っ張る．
(5) シーリング材が凝集破壊した場合に，接着性を合格とする．

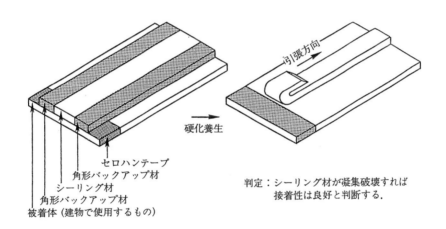

2 引張接着性試験
　JIS A 1439（建築用シーリング材の試験方法）による引張接着性試験とし，被着体は，使用する材料と同様に製作されたものとする．

別添1

防耐火ガラスを介したふく射熱等の算出に係る計算式

1 火災室温度の算出

   火災室温度（℃）　　$T_{Fa} = \min\{830{,}000/A_F + 20,\ 945\}$

   A_F：火災室床面積（㎡）

2 廊下等温度の算出

   廊下等温度（℃）　　$T_{Fb} = \min\{17 * A_{opi} * \sqrt{H_{op}} * (T_{Fa} - 20)/A_{co} + 20,\ T_{Fa}\}$

   A_{op}　：火災室・廊下等間の開口部面積（㎡）
   A_{opi}　：火災室・廊下等間の算定上の開口部面積（㎡）
   H_{op}　：火災室・廊下等間の開口部平均高さ（m）
   T_{Fa}　：火災室温度（℃）
   A_{co}　：廊下等床面積（㎡）

   〔注〕　火災室・廊下等間の算定上開口部面積（A_{opi}）にあっては、次のとおり算出すること。

   (1) 開口部が常時閉鎖式防火設備（随時開くことができる自動閉鎖装置付の防火設備をいう。）である場合

   $A_{opi} = A_{op(1)}/100$

   (2) 開口部が煙感知器連動閉鎖式防火設備（火災により煙が発生した場合に自動的に閉鎖又は作動をする防火設備をいう。）である場合

   $A_{opi} = A_{op(2)}/10$

   (3) 開口部が前(1)、(2)以外である場合

   $A_{opi} = A_{op(3)} * 1$

   (4) 前(1)～(3)の開口部が混在する場合

   $A_{opi} = A_{op(1)}/100 + A_{op(2)}/10 + A_{op(3)} * 1$

   ※　開口部ごとに算定上の開口部面積（A_{opi}）を算定した上、当該算定上の開口部面積（A_{opi}）を合計する。

3 総合熱抵抗の算出

   総合熱抵抗（㎡K/kW）　　$R = \sum(L/k) + 50$

   L　：各部構成部材厚さ（m）
   k　：各部構成部材熱伝導率（kW/mK）

   〔例〕　網入板ガラス　　　$k = 0.00086$
   　　　　耐熱強化ガラス　　$k = 0.00086$
   　　　　低膨張防火ガラス　$k = 0.00096$
   　　　　耐熱結晶化ガラス　$k = 0.00151$

4 防耐火ガラス裏面温度の算出

裏面温度（K） $T = T_0 + 50 * \Delta T_F / R$

T_0 ： 初期ガラス裏面温度（K）
ΔT_F ： 火災室・廊下等の上昇温度（K）
R ： 総合熱抵抗（㎡K/kW）

〔注１〕 本指導指針の算定に当たり、初期ガラス裏面温度は、２９３（K）として計算すること。

〔注２〕 建基法第７７条の５６の規定により指定された指定性能評価機関が実施した試験（建基法第２条第７号の認定に係る耐火構造の耐火性能試験又は建基法第２条第９号の２ロの認定に係る防火設備若しくは建基令第１１２条第１項の認定に係る特定防火設備の遮炎性能試験をいう。）において裏面温度を測定している場合にあっては、当該裏面温度の値（平均値）を T とすることができるものとすること。

〔注３〕 ΔT_F は、消防活動拠点等と火災室の間に廊下等（火災室と廊下等を準耐火構造（建基法第２条第７号の２に規定する準耐火構造をいう。）の壁又は床で区画したものに限る。）を介する場合、廊下等の上昇温度（K）とし、消防活動拠点等と火災室の間に廊下等を介さない場合、火災室の上昇温度（K）とする。

5 形態係数の算出

形態係数 $F = 4 * 1/2\pi \{X/(1+X^2)^{1/2} tan^{-1} Y/(1+X^2)^{1/2} + Y/(1+Y^2)^{1/2} tan^{-1} X/(1+Y^2)^{1/2}\}$

$X = (h/2)/S \quad Y = (W/2)/S$

h ： 防耐火ガラス開口部の高さ（m）
W ： 防耐火ガラス開口部の幅（m）
S ： 防耐火ガラス開口部からの距離（m）

〔注〕 床面から防耐火ガラス開口部の上端までの高さが１．８メートルを超える場合の h にあっては、次のとおりとすること。

$h = 1.8 - h_f$

h_f ： 床面から防耐火ガラス開口部の下端までの高さ（m）

6 ふく射能の算出

ふく射能（kW/㎡） $E_b = \sigma * T^4$

σ ： ステファン・ボルツマン定数〔$= 5.67 * 10^{-11}$〕（kW/（㎡・K⁴））
T ： 裏面温度（K）

7 ふく射熱の算出

ふく射熱（kW/㎡） $Q = E_b * F$

E_b ： ふく射能（kW/㎡）
F ： 形態係数

〔注〕 複数枚の防耐火ガラスが存する消防活動拠点等にあっては、原則として各防耐火ガラスごとにふく射熱を算出すること。

別添2

1 避難階段の階段室の室内に面する壁又は開口部に防耐火ガラスを用いる場合（例）

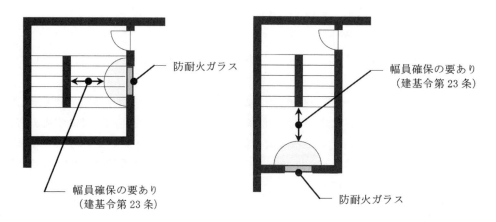

2 特別避難階段の附室の階段室以外の室内に面する壁又は開口部及び非常用エレベーターの乗降ロビーの室内に面する壁又は開口部に防耐火ガラスを用いる場合

【良い例】

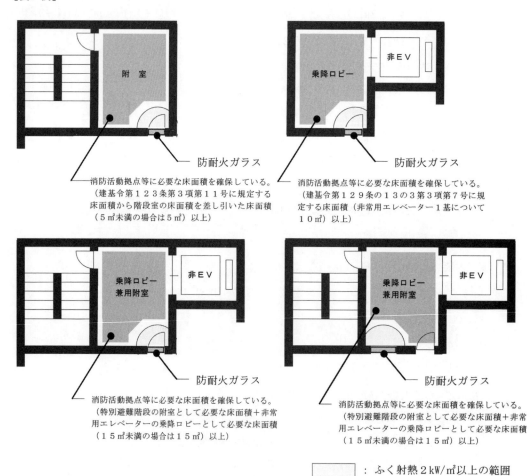

【悪い例】

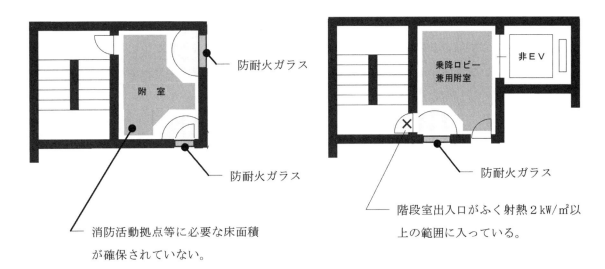

付録9) 柱・梁の接合部等の取扱いについて

(合成耐火被覆小委員会)

9).1 背景

建築物は，建築基準法に基づき計画・設計・建設されている．建築基準法では，建築物の諸性能を担保するために必要な建築物の敷地，構造，設備，用途等に関しての最低基準を具体的に示している．しかし，すべてについて明確に記載されているわけではない．特に柱・梁の接合部等の取合い部分については不明瞭な部分が多く，建築主事の判断によるものが多々ある．そこで，本会合成耐火被覆小委員会において，火災の観点から設計者が直面する難題について想定問答を作成し，それぞれの部分について一つの考え方を示した．

9).2 取合い部の考え方

取合い部の考え方を以下の質疑応答形式で示す．

質問項目	小梁の耐火時間
質問内容	仕様規定で3時間耐火の階（最上階から数えた階数が15以上の階）の小梁に要求される耐火時間は何時間か． また，床受けの小梁は，床の構造と見なして床の耐火時間を適用することができるか．
回答	仕様規定においては，「構造上重要でない小梁」に該当しない限り，法的には3時間の耐火性が要求される．構造上の重要性については，設計者の判断による結論が必要である． ちなみに，「構造上重要でない小梁」に該当する場合においても，当該小ばりから大ばりへの熱の流入や，小ばりの変形による床や壁パネルへの影響（床や壁に隙間が生じて煙や熱が漏れる等）を防ぐために耐火被覆をすることが望ましいと判断する． 〔参考〕 床受けの小梁については，四日市市建築基準法取扱集（単体規定編）p.24に以下のような記載がある． 「床を支持する小梁は，構造上重要であるため，耐火被覆が必要である.」

質問項目	耐震ブレース
質問内容	耐震ブレースは無被覆でよいのか．ヒートブリッジの影響を考慮する必要はないか．
回答	『耐火建築物であっても，水平力のみを負担する「筋かい」は，主要構造部に当たらないので，原則として耐火被覆をする必要はない．ただし，耐火建築物の筋かいで，水平力だけではなく鉛直力も負担するものは，主要構造部に該当

するものとして，耐火被覆する必要がある』（建築物の防火避難規定の解説 2012(第7版，p.11，編集 日本建築行政会議))

無被覆の部材と被覆部材が接続している場合は，火災時に早期に高温となる無被覆部材の熱が被覆部材に伝達する．無被覆部材の被覆部材への接合部付近を耐火被覆しておくことが望ましい．

ブレースの被覆する範囲については計算等による確認をすることが望ましい．

質問項目	主要構造部でない座屈止め
質問内容	主要構造部でない座屈止めは無耐火被覆でよいのか．ヒートブリッジの影響を考慮する必要はないか？
回答	ブレース，小ばりの取扱いに準じて判断する．

質問項目	はり長さ方向の被覆変更
質問内容	はりの長さ方向に無被覆と耐火被覆が混在したり，はり長さ方向で耐火被覆の種別が異なる構造はよいのか？
回答	火災時に，異なる被覆材の継ぎ目に亀裂や口あき等が生じないよう十分な処置（重ねて被覆する等）を施すことが望ましい．継ぎ目の口あき等の確認は実験によらざるを得ないが，100mm程度のオーバーラップがあれば問題はないと推察される．ただし，発泡系の耐火被覆材は当該取扱いの適用外と判断する．

質問項目	1断面に2種類以上で形成される被覆
質問内容	1断面（例，梁でウエブまたはフランジの一断面）に2種類以上の異なる種類の被覆材・工法で耐火構造が形成される場合，認定は必要か．
回答	個々の被覆材の耐火性能が明確であっても，組み合わせたときの接合部の性能が合理的に確認できなければ，異種材料・工法の仕様での耐火試験での性能判断が必要である．

質問項目	認定被覆材の鋼材種別の制約
質問内容	認定耐火被覆材の認定範囲の鋼材種別について，新法以降の認定においては「JIS鋼材」に限定している．JIS鋼材以外を仕様規定で使う場合，どうするか．
回答	鋼材の高温時の強度，弾性係数の低下度合いがSS400，SN490等と大差なければ，問題とはならない．とくに超高強度鋼については，高温時の強度，弾性係数等に関する情報が十分公開されている状況ではないことにも留意する必要がある．下地材，被覆材等との馴染みについては，現在知られている建築向けの鋼材であれば，問題ないと考えられる．

質問項目	梁を貫通する孔(小口)の被覆
質問内容	梁貫通部小口の耐火被覆をどうするか.
回答	ウェブ小口は梁の被覆種別，被覆厚さ同様以上の被覆を施工することが基本である．また，大臣認定を取得したものもあるので，それを使用すればよい．

質問項目	柱梁接合部の耐火被覆について
質問内容	柱は，けい酸カルシウム板で耐火被覆し，梁をロックウール吹付けでの耐火被覆とした耐火構造の場合，柱と梁との接合部（柱では上端部，梁では下端部）は，ロックウール吹付けとする工法が一般的であるが，この場合の接合部は，合成耐火構造としての認定を要求されることはないか．
回答	接合部分の取扱いは，全ての柱・梁に共通する問題である．しかし，接合部として単独の大臣認定はないことから，柱の上端部と梁の下端部との境界線である接合部は，その要求される耐火性能は安全側として，柱または梁の厳しい方の耐火性能を担保する工法が一般的であろう．通常，柱の耐火被覆の方がより厳しい耐火性能（同種の被覆であれば被覆厚が厚い）を要求されることから，柱の被覆仕様で接合部も仕上げたのち，ボード類の肌別れ等に対する措置を施す仕様とするのが一般的である．

質問項目	吹抜けや竪穴部分に要求される耐火等級
質問内容	防火区画壁に囲われた吹抜け部分・階段室・エレベーターシャフトの梁，柱の耐火等級は何時間にすればよいのか．
回答	各層が区別できれば，同一階に必要な耐火性能があればよい． 参考までに，「建築物の防火避難規定の解説　2005」（編集　日本建築行政会議）の7ページには，吹抜け部分を含み連続した空間のうち，最上階からの階数が最も大きい部分に求められる耐火等級が必要と記されている．

質問項目	例示仕様(告示1399号)との合成耐火構造について
質問内容	告示第1399号（耐火構造の構造方法を定める件）に定められた壁の耐火構造として，コンクリート・モルタル・コンクリートブロック等が例示されているが，それらとの合成耐火構造の認定は必要とされなくて合成耐火（被覆）構造としてよいのか．
回答	平成12年建設省告示1399号の例示仕様における個々の壁については，合成耐火構造として施工された場合の火災時の挙動が不明確である．したがって，原則としては合成耐火（被覆）構造として耐火試験を行い耐火性能を確認して個別認定が必要である．なお，（現場打ち）RC壁・床＋鉄骨造柱・梁の合成の場合は，RC壁をPC壁と見なせるので，PC壁との合成耐火（被覆）構造として，個

	別認定された仕様を用いることができる．

質問内容	梁成が900mm以上ある耐火被覆された外周梁を，耐火構造の外壁とすることができるのか．
回答	外壁と梁については，要求されている耐火性能が異なるため，外壁として見なすことはできないが，900mm梁成があり，梁位置が外壁線と一致しているのであれば，スパンドレルと同等の効果があると考えられる．

質問項目	カーテンウォールファスナーの被覆について
質問内容	外壁（非耐力壁）耐火構造において耐火パネルを接合するために方立，無目等の金属性等の枠組みについては，昭和41年2月3日住指発第59号（耐火構造の指定について）にて規定されている．カーテンウォールを取り付けるためのファスナーについても上記規定によれば，鋼材であれば耐火被覆の必要がないと解釈できる．現実にS造以外の建物のファスナーは無被覆である．それでよいのか．
回答	外壁は（外→内）の裏面温度上昇を抑える必要があり，一般的にファスナーは熱橋になる可能性が高いため，ファスナーは被覆を施すことが妥当である．構造的に重要部分であることは間違いないので，「熱から守る」という考え方は必要．下階および当該階において火災が発生した場合に，ファスナーがどの程度火災の影響を受けるかを検討して，被覆すべきかどうかを決める．影響の度合いについては実験等により確認するのがよい．このあたり標準的な仕様の例がいくつかあるとよい． 例外的に，ファスナーが構造体に埋没して熱橋等の問題が無視できるのであれば，被覆は省略してもよいと考えられる． 技術的助言（国住指619号）では，支持金物は鋼材で造ったものと記されている．耐火構造としての性能を担保していると読むのが妥当であり，被覆をなくしてもよいとは解釈できない．参考までに，ロックウール工業会において，柱，梁の合成耐火被覆既認定においてファスナー部も耐火被覆を施すことになっている． なお，当該箇所の被覆には変形追従性がある程度必要となる．ただし，火災時の変形とカーテンウォールに期待されている（面内）層間変形追従性とは変形性状が異なるため，層間変形への被覆の追従性を確認する必要はない． 外壁に付属するファスナーについては，耐火認定試験時の仕様で性能を確認しているので，試験仕様が無被覆であれば無被覆も可ということになる．ただし，この場合でも躯体側に付属するファスナーは評価対象外であり，無被覆の可否は判断されていない．

質問内容	防火区画となる梁のスリーブ孔に要求される耐火性能は何か．梁下部分に構成される防火区画壁と同等の性能が必要か，それとも隙間として不燃材処理でよいか．
回答	梁を防火区画の一部として使うことは推奨されない．どうしてもそうせざるを得ない場合については，梁小口の近傍に壁の区画貫通部の措置と同等以上の措置が必要となる．この場合，貫通部の両側1mの範囲を不燃材料で作れば，防火区画に必要な遮熱性（＋遮煙性）を確保できると考えられる．なお，大臣認定の仕様については，貫通する壁が限定されている（RC，ALC，乾式工法の壁等）ため，梁貫通部に使うことは適用範囲を超えている．

質問項目	アルミカーテンウォールスパンドレルについて
質問内容	外壁（非耐力壁）耐火構造において，耐火パネルを接合するための方立，無目等の金属性等の枠組みについては，昭和41年2月3日住指発第59号（耐火構造の指定について）にて規定されている．方立の間にけい酸カルシウム板を用いた外壁耐火構造は，本当に良いのか． また，吹付けロックウールを用いた外壁耐火構造でアルミパネル（スパンドレル）を下地とする場合，認定条件ではないが鉄網ラスを上記規定の枠材に取り付けた上，吹付けすることを推奨されているが，実情はアルミパネルに直接ラスを取り付ける方法となっている．それでよいのか．
回答	技術的助言（国住指発619号「カーテンウォールの構造方法について」）には，防火区画に接する部分のスパンドレルの保護材料は火災時において容易に破損，脱落が生じることがないように求めている．したがって，火災時に溶融するおそれのない躯体等の部分に固定された鉄材による下地を設けて，その上にロックウールを吹き付ける仕様とすることが妥当と考えられる．このような措置によりスパンドレルの防火上の機能である上階延焼抑制が達成できる．防火区画に接しない場合も同様の仕様とすることが望ましい．

質問項目	鉄骨造の小屋組について
質問内容	平成12年建設省告示第1399号（耐火構造の構造方法を定める件）第4項三のニに梁の耐火構造として床面から梁の下端までの高さが4m以上の鉄骨造の小屋組で，その直下に天井がないものまたは直下に不燃材料または準不燃材料で造られた天井があるものとある． 1)屋根が陸屋根の場合でもこの告示は適用されるのか． 2)最上階が屋上となる場合，床または屋根のどちらかの耐火性が要求されるのか．

回答	1)について屋根は，日常的に歩行などの使用を目的としない最上階部位であり，そのように設計されているのであれば，陸屋根は名称どおり屋根であり，その小屋組も建告示1399号に適用されると解釈できる． 2)について，床は，日常的に人が使用し，物が置かれることを目的として設計された部位であることから，そのように設計された屋上であれば床として適用され，小屋組は屋根を支える部位であるので，屋上は床扱いとして，その梁は1時間耐火性能が要求されると解釈される．

質問項目	避難階段の段裏処置
質問内容	防火区画壁により区画された避難階段の段裏に倉庫等が造られる場合，倉庫として使用する段裏部分を防火区画する必要がある．この場合，鉄骨階段の段裏は耐火構造上，どのような処理が必要となるか．
回答	階段は火災初期の避難に有効なものであり，できるだけ火熱の影響を受けないようにしなければならない．したがって，避難階段の直下に物置を設ける場合には，物置を階段室と有効に区画する必要がある．区画の性能としては，通常の防火区画と同等以上とする必要がある．物置の階段室側に扉を設ける場合は，特定防火設備とする必要がある．

質問項目	90cm以上の適用範囲
質問内容	施行令112条に防火区画の床・壁が接する外壁は，その部分90cm以上を耐火構造としなければならないとあるが，防火区画壁となる間仕切り壁に接する梁にもこの規定が適用されるのか．
回答	準耐火建築物（ロ準耐）の無被覆鉄骨梁が防火区画壁を貫通する場合は，区画貫通部と同等の処理，すなわちモルタル等による埋戻し処理は必要．これにより遮炎性を担保する．ただし区画貫通部が遮熱性を要求されないのと同様に考えれば，この部分の梁を被覆する必要は必ずしもない．ただし，防火区画壁の直上に壁と平行して鉄骨梁が取り付く場合には，面的な広がりがあり，壁と同程度の遮熱性が必要であろう．したがって，この場合は鉄骨梁に被覆が必要と考えられる．

火災安全上の区画の設計・施工の考え方

2017年3月15日　第1版第1刷	
編　　集 著 作 人	一般社団法人　日本建築学会
印 刷 所	株式会社　愛　甲　社
発 行 所	一般社団法人　日本建築学会 108-8414　東京都港区芝5-26-20 電　話・(03) 3456-2051 Ｆ Ａ Ｘ・(03) 3456-2058 http://www.aij.or.jp/
発 売 所	丸善出版株式会社 101-0051　東京都千代田区神田神保町2-17 　　　　　　神田神保町ビル 電　話・(03) 3512-3256

ⓒ 日本建築学会 2017

ISBN978-4-8189-2714-8 C3052